ulmer

Valesa Schell

NO KNEAD BROTE

OHNE KNETEN
UNKOMPLIZIERT BACKEN

WENIG HEFE • LANGE TEIGFÜHRUNG

INHALT

VORWORT

ZU HAUSE GANZ EINFACH KÖSTLICHE BROTE, BRÖTCHEN & CO. BACKEN – wie das gelingt, habe ich schon in meinem zweiten Buch „All-in-One-Brote“ gezeigt. Darin erfahren Sie auch, wie sich der gesamte Backprozess gut in den Alltag integrieren lässt.

Eine noch einfachere und unkompliziertere Möglichkeit ist das sogenannte „No-Knead-Backen“. Übersetzt bedeutet das, einen Brotteig ohne Kneten anzusetzen. Die Zutaten für den Teig werden also lediglich vermischt und gehen dann lange. Dabei entwickelt sich der Teig ganz von allein – ohne das übliche Dehnen und Falten. Das, was in der Regel die Küchenmaschine erledigt, nämlich den Teig zu einer homogenen Masse zu verarbeiten, übernimmt hier die Zeit. Bei dieser Technik sind nur wenige Backhelfer und Arbeitsschritte nötig. Deshalb können Sie die Rezepte auch überall problemlos umsetzen: bei sich zu Hause, bei Freunden, im Urlaub oder wo auch immer.

Im Gegensatz zu anderen No-Knead-Büchern habe ich in meinem Buch einige Dinge anders gelöst: Ich gehe anders vor und bereite alle Teige so zu, dass sie auch Backeinsteigern ohne großartige Vorkenntnisse gelingen. Zudem gebe ich Ihnen viele Tipps, wie Sie das Backen etwas flexibler gestalten können, sodass es in Ihren Tagesablauf passt. Aber auch fortgeschrittene Hobbybäcker kommen auf den folgenden Seiten auf ihre Kosten und können ihrem Kenntnisstand entsprechend Brote, Brötchen, Herzhaftes und Süßes nachbacken.

Ich wünsche Ihnen viel Spaß beim Blättern und Lesen und gutes Gelingen bei Ihren Broten, Brötchen und anderen Backwerken.

Herzlichst
Ihre

WISSENSWERTES

WAS BEDEUTET NO-KNEAD-BACKEN?

DER URSPRUNG UND WIE ES FUNKTIONIERT

Bekannt wurde das Prinzip des No-Knead-Backens durch Maik Bittmann, einen Foodjournalisten der New York Times. Er besuchte Jim Lahey in seiner damals schon bekannten Bäckerei „Sullivan Street Bakery“ in New York. Lahey, der eigentlich Künstler war, träumte als junger Mann davon, zu Hause das perfekte Brot in einem normalen Küchenbackofen zu backen. Bei einer Studienreise nach Italien besuchte er italienische Bäcker, um ihnen über die Schulter zu schauen. Er sah dort u. a. wie in den Dörfern nach alter Tradition Brote in kleinen, kuppelförmigen Öfen gebacken wurden. Das brachte ihn auf die Idee, Brote im „Dutch Oven“, einem gusseisernen Topf mit Deckel zu backen. Außerdem entdeckte er in Italien das Rezept für ein Brot, das einfach nur angerührt und dann lange beiseitegestellt wird. Lahey war so begeistert, dass er beschloss, das Bäckerhandwerk von Grund auf zu erlernen. Später kehrte er nach Italien zurück und ging bei verschiedenen Bäckern in die Lehre. Zurück in New York begann er in einer Garage die ersten Brote zu backen, um sie auf einem Markt in Soho zu verkaufen. Dort entdeckte ihn ein ortsansässiger Bäcker und engagierte ihn für seine Bäckerei. Einige Jahre danach eröffnete Lahey seine eigene Bäckerei. Damit erlebte das Backen im Topf eine Renaissance und das No-Knead-Prinzip war geboren.

Der Dutch Oven wurde bereits von Siedlern im Westen der USA benutzt. Über offenem Feuer wurde darin gekocht, aber auch Brot gebacken. Das Backen in einem gusseisernen Topf war also wohl schon viel länger bekannt, wurde aber vor der Wiederentdeckung durch Lahey kaum noch angewendet.

WIE FUNKTIONIERT DAS NO-KNEAD-BACKEN?

Als Hobbybäcker verwendet man für gut gelungene Brotteige eine Knetmaschine, denn es ist wirklich beschwerlich, einen Brotteig von Hand zu kneten. Auch braucht man dafür die doppelte Zeit wie mit einer Knetmaschine – und das können schon mal 20–30 Minuten sein. Die Teigzutaten müssen nämlich so lange geknetet werden, bis ein Glutengerüst entsteht, das den Teig bindet und stabilisiert.

Das übernimmt im Falle von No-Knead-Teigen die lange Gehzeit. Dabei werden die Zutaten einfach nur in einer Schüssel sorgfältig verrührt und bleiben die im Rezept angegebene Zeit bei Raumtemperatur stehen. Durch diese lange Gehzeit verbinden sich die Glutenstränge genauso gut wie beim Kneten in einer Teigmaschine.

ANRÜHREN EINES No-Knead-Teiges mit dem Dänischen Schneebesen.

GUSSEISERNE TÖPFE zum Brotbacken.

Traditionell werden No-Knead-Brote in einem gusseisernen Topf mit Deckel gebacken. Dieser Topf hat den Vorteil, dass er im Backofen mit aufgeheizt wird, der Teig direkt in den heißen Topf kommt und dadurch besonders gut aufgeht. Der Wasserdampf, der zum Backen benötigt wird, entsteht im Topf ganz von selbst durch das Verdampfen der Flüssigkeit aus dem Teig. Im Topf wird die Krustenbildung etwas verzögert, d. h. der Teig geht zunächst von innen her auf und erst dann bildet sich die Kruste. Gusseiserne Töpfe gibt es in unterschiedlichen Varianten, zum Brotbacken muss es kein teurer Markentopf sein.

WAS IST DAS BESONDERE AN MEINEN REZEPTEN?

In anderen Büchern werden No-Knead-Brote immer im Topf gebacken – in diesem Buch jedoch nicht: Meine Brote werden freigeschoben gebacken, manche auch in einer Kastenform. Das Backen in einer Form ist übrigens bei allen meinen Rezepten möglich. Alternativ dazu können die Brotteige jedoch auch wie traditionell üblich in einem gusseisernen Topf gebacken werden.

Alle Teige haben eine Stockgare, also eine erste Gehzeit von 10–12 Stunden. Die Stückgare, die zweite Gehzeit nach dem Formen, ist unterschiedlich lang. Der Teig wird bei allen Rezepten direkt nach dem Mischen sowie nochmals 1 Stunde später gefaltet. Das beschleunigt den Gareprozess etwas, ist aber nicht zwingend nötig.

WELCHE VORTEILE HAT DAS NO-KNEAD-BACKEN?

Der Teig kann jederzeit spontan angerührt werden, da Sie eben keine Knetmaschine benötigen. Für Teig und Brot brauchen Sie nur sehr wenige Backhelfer und Sie können den Teig überall anrühren: bei Freunden, im Urlaub, beim Campen oder auch mal bei der Schwiegermutter, um sie zu beeindrucken. Durch die lange Gare lässt sich die Teigzubereitung gut an Ihren Alltag anpassen: Der Teig kann entweder morgens angerührt und abends gebacken oder abends angerührt und morgens gebacken werden. Die lange Gare macht das Brot außerdem bekömmlicher und aromatischer, auch sind weniger Triebmittel erforderlich.

DAS PRINZIP VON NO KNEAD

WAS SIE WISSEN SOLLTEN

Damit Sie eine genauere Vorstellung vom No-Knead-Backen bekommen, erkläre ich Ihnen in diesem Kapitel, welches Handwerkszeug Sie benötigen und wie der Ablauf in einzelnen Schritten aussieht. Außerdem gibt es eine Übersicht mit flexiblen Gehzeiten, auf die Sie bei jedem Rezept zurückgreifen können, um die Zubereitung an Ihren Alltag anzupassen.

DAS HANDWERKSZEUG

Für No-Knead-Brote benötigen Sie nur wenige Küchen- und Backhelfer. Die meisten davon sind bestimmt schon in Ihrer Küche vorhanden:

- eine Schüssel (aus Kunststoff oder Glas) mit Deckel. Wer keinen passenden Deckel hat, deckt die Schüssel mit Frischhaltefolie ab. Wichtig ist, dass der Teig luftdicht verpackt ist, damit er nicht austrocknet.
- ein Esslöffel, Kochlöffel oder Dänischer Schneebesen
- ein Schneebesen
- eine kleine und eine große Teigkarte
- eine Kastenform oder ein gusseiserner Topf mit Deckel
- eventuell ein Gärkorb oder eine mit einem Geschirrtuch ausgelegte Schüssel
- eine Waage
- ein Pürierstab
- Backpapier oder Dauerbackfolie
- Einschießer (schmales Holzbrett oder Pizzaschieber)

HANDWERKSZEUG – mehr benötigen Sie für No-Knead-Brote nicht.

ZUM ABLAUF

Bei den meisten anderen No-Knead-Rezepten ist der Ablauf immer gleich: Die Teigzutaten werden verrührt, gehen lange (meist 20–24 Stunden), werden dann geformt und im gusseisernen Topf gebacken.

Von diesem Ablauf unterscheiden sich die Rezepte in diesem Buch jedoch leicht: Die Teige werden nicht ganz so weich gemacht und können daher meist auch freigeschoben gebacken werden. Alle Teige gehen zwischen 10 und 12 Stunden, damit sie gut in den Alltag integriert und quasi nebenher zubereitet werden können. Sie können entweder morgens angerührt und abends gebacken werden oder umgekehrt. Außerdem werden alle Teige direkt nach dem Verrühren einmal mit nassen Händen gefaltet und ein weiteres Mal 1–2 Stunden später oder auch nach 3–4 Stunden, sofern man die Möglichkeit dazu hat.

No-Knead-Teige kommen fast immer ohne Vorteige wie Brühstück, Hefevorteig, Sauerteig oder Quellstück aus. Diese sind auch nicht zwingend erforderlich. Doch besonders durch Vorteige mit Triebmittel lassen sich die Gehzeiten verkürzen. Trotzdem sind die Rezepte in diesem Buch in der Regel All-in-One-Teige ohne Vorteig, das macht sie besonders unkompliziert und leicht umsetzbar. Nur ein paar Rezepte verwenden ein Mehlkochstück als Vorteig.

Der Teig kann in einer runden Schüssel oder in einer rechteckigen Teigwanne (jeweils mit Deckel) angerührt werden und geht dann auch darin. Ich empfehle aber eher eine runde Schüssel.

Alle Zutaten werden gleich am Anfang miteinander vermischt und bilden durch das Verquellen und die langen Gehzeiten ein Glutengerüst aus. Im Gegensatz dazu entsteht das Glutengerüst bei maschinell oder händisch gekneteten Teigen eben durch das Kneten.

DIE EINZELNEN SCHRITTE

- Zuerst alle flüssigen Zutaten, Salz und die Triebmittel in die Schüssel geben und mit einem Schneebesen sorgfältig verrühren (1). Butter sollte immer sehr weich sein. Kommt Lievito Madre in den Teig, wird er mit den flüssigen Zutaten mit dem Pürierstab gemixt, da er sich nur schlecht auflöst.

- Danach alle Mehle und andere feste Zutaten (z. B. Saaten) in die Schüssel geben (2).

- Am einfachsten gelingt das Vermischen mit dem Dänischen Schneebesen (3), den es speziell für schwere Brotteige gibt. Seine Anschaffung lohnt sich, wenn Sie häufig No-Knead-Brote backen. Er kostet nur wenig und kann auch schon für den ersten Arbeitsschritt verwendet werden.

- Alles mit einem Löffel oder Kochlöffel bzw. dem Dänischen Schneebesen unterrühren (4), bis keine Mehlnester mehr zu sehen sind.

1

2

3

4

- Den Teig dann einmal von jeder Seite mit nassen Händen falten (am besten neben dem Waschbecken bei laufendem Wasser oder neben einer Schüssel mit Wasser 5).

- Darauf folgt die Stockgare von 10–12 Stunden bei Raumtemperatur 6. Wenn möglich den Teig dabei nach 1–2 Stunden nochmals mit nassen Händen falten 7. Aber das ist kein Muss.

- Den Teig danach auf die bemehlte Unterlage geben und von allen vier Seiten mit einer großen Teigkarte nach innen falten 8. Anschließend rund- oder langwirken (Seite 32–35) bzw. wie im Rezept angegeben formen und in einen entsprechenden Gärkorb legen.
- Den Teigling abgedeckt in der Stückgare die angegebene Zeit gehen lassen.
- Den Backofen aufheizen und eventuell einen gusseiserner Topf darin mit aufheizen.
- Den Teigling vorsichtig auf einen Einschießer stürzen und eventuell einschneiden.
- Den Teigling in den Backofen oder in den aufgeheizten Topf einschießen und backen. Falls er etwas krumm im Topf aufkommt, den Topf einfach leicht schütteln.

VARIABLE GEHZEITEN

Bei der Stock- und Stückgare dürfen Sie flexibel sein. Die übliche Stockgare von 10–12 Stunden können Sie durch Wärme oder Kälte verkürzen bzw. verlängern und so bequem an Ihren Tagesablauf anpassen. Ausgehend von einer durchschnittlichen Raumtemperatur von 22–23 °C benötigt der Teig in der Stock- und Stückgare bei kühleren Temperaturen länger, bei wärmeren Temperaturen dagegen ist er schneller reif. Konkret verdoppeln sich die Stock- und Stückgare pro 5 °C kühlerer Temperatur und halbieren sich pro 5 °C wärmerer Temperatur.

Alle Teige in diesem Buch benötigen in der Stockgare 10–12 Stunden. Die Stückgare ist unterschiedlich und liegt zwischen 30 Minuten und 4 Stunden. Ausgehend von diesen Temperaturen können die Garezeiten für Stockgare und Stückgare wie folgt abgeändert werden.

Eine Stockgare von 10-12 Stunden bei einer Raumtemperatur von 22–23 °C entspricht:
- 2,5–3 Stunden bei 32–33 °C
- 5–6 Stunden bei 27–28 °C
- 20–24 Stunden bei 17–18 °C
- 40–48 Stunden bei 12–13 °C
- 80–96 Stunden bei 7–8 °C (Kühlschranktemperatur)

Alternativ können Sie den Teig in der Stockgare eine gewisse Zeit bei Raumtemperatur gehen lassen und anschließend in den Kühlschrank stellen:
- 9 Stunden bei Raumtemperatur und 8–24 Stunden Kühlschrank
- 8 Stunden bei Raumtemperatur und 16–32 Stunden Kühlschrank
- 7 Stunden bei Raumtemperatur und 24–40 Stunden Kühlschrank
- 6 Stunden bei Raumtemperatur und 32–48 Stunden Kühlschrank
- 5 Stunden bei Raumtemperatur und 40–56 Stunden Kühlschrank

BROTTEIGLING ZUR Gare im Gärkorb.

STÜCKGAREZEITEN VARIIEREN

Garezeit bei RT von 22–23 °C	Garezeit bei 27–28 °C (5 °C mehr als RT)	Garezeit bei 32–33 °C (10 °C mehr als RT)	Garezeit im KS bei 7–8 °C (15 °C weniger als RT)	Garezeit RT und KS
30 Minuten	15–20 Minuten	10 Minuten	4 Stunden	10 Minuten RT + 3 Stunden KS
45 Minuten	20–25 Minuten	15–20 Minuten	6 Stunden	15 Minuten RT + 4 Stunden KS
1 Stunde	30 Minuten	15 Minuten	8 Stunden	30 Minuten RT + 4 Stunden KS
1,5 Stunden	45 Minuten	25 Minuten	12 Stunden	30 Minuten RT + 8 Stunden KS
2 Stunden	1 Stunde	30 Minuten	16 Stunden	1 Stunde RT + 8 Stunden KS
2,5 Stunden	75 Minuten	40 Minuten	20 Stunden	1 Stunde RT + 12 Stunden KS
3 Stunden	1,5 Stunden	45 Minuten	24 Stunden	1 Stunde RT + 16 Stunden KS oder 2 Stunden RT + 8 Stunden KS
3,5 Stunden	105 Minuten	55 Minuten	28 Stunden	1 Stunde RT + 20 Stunden KS oder 2 Stunden RT + 12 Stunden KS
4 Stunden	2 Stunden	1 Stunde	32 Stunden	1 Stunde RT + 24 Stunden KS oder 2 Stunden RT + 16 Stunden KS oder 3 Stunden RT + 8 Stunden KS

RT = Raumtemperatur, KS = Kühlschrank

Mit diesen flexiblen Gehzeiten können Sie Ihre Teige noch variabler handhaben. Die warmen und kühlen Gehzeiten sind nicht auf den Punkt genau – ebenso wie auch bei Raumtemperatur der richtige Garepunkt von konkreter Raumtemperatur, Luftfeuchtigkeit und Teigtemperatur abhängt. Daher sollten Sie in der Stückgare den Teig besonders zum Ende hin immer beobachten. Die kühle Gare verzeiht auch mal ein Stündchen mehr oder weniger, die warme Gare eher nicht.

Für die warme Gare gibt es spezielle Gärboxen. Im Internet finden Sie auch Anleitungen, wie Sie sich solche Boxen günstig selbst bauen können. In den Sommermonaten können Sie die warme Außentemperatur für die warme Gare nutzen. Auch Backöfen lassen sich für die warme Gare einsetzen. Manche Modelle heizen ganz leicht vor, wenn die Lampe eingeschaltet wird. Messen Sie am besten die dabei in Ihrem Backofen entstehende Temperatur selbst nach.

NO-KNEAD-BACKEN AUF REISEN

BACKEN BEIM CAMPEN UND IM URLAUB

GEHZEITEN UND BACKGERÄTE

Es gibt mehrere Möglichkeiten, wie Sie auch auf Reisen ganz entspannt Brot und Brötchen backen können. Die No-Knead-Methode vereinfacht schon mal die Zubereitung des Teiges, denn dafür benötigen Sie nicht mehr als eine Schüssel mit Deckel und einen Löffel, Kochlöffel oder Dänischen Schneebesen. Auch die Gehzeit von 10–12 Stunden kommt Ihnen hier sehr entgegen. Sie können morgens einen Teig anrühren und Ihr Brot abends für den nächsten Tag backen oder Sie rühren abends einen Teig an und backen ihn morgens.

BROT BACKEN auf dem Gas-Kugelgrill.

AUSSENTEMPERATUR UND GEHZEIT

Was die Gare jedoch gerade im Urlaub etwas komplizierter macht, sind die Außentemperaturen. Halten Sie sich hier am besten an die Liste und die Tabelle auf den Seiten 16 und 17. Wenn Sie z. B. im Süden im Urlaub sind und 32 °C Außentemperatur haben, würde Ihr Teig statt der 10–12 Stunden Gehzeit in der Stockgare nur noch 2,5–3 Stunden benötigen bzw. bei einer Außentemperatur von 27–28 °C 5–6 Stunden. Das hat den großen Vorteil, dass Ihr Teig wesentlich schneller backfertig ist. Das Gleiche gilt für die Stückgare, die sich bei warmen Temperaturen ebenfalls verkürzt. Auch hier können Sie sich an der Tabelle (Seite 17) orientieren und schnell herausfinden, wie lange Ihr Teig in etwa benötigt.

BACKEN OHNE BACKOFEN

Zum Backen Ihrer Brote, Brötchen & Co. können Sie im Urlaub natürlich jede Art von Backofen verwenden. Beim Campen und unterwegs im Wohnmobil gibt es mehrere Möglichkeiten:

KUGELGRILL MIT BACKSTEIN ODER GUSSEISERNER PLATTE

Den Kugelgrill heizen Sie vor, sodass er zu Beginn des Backens eine Temperatur von 250–300 °C hat. Heizen Sie den Backstein oder die Platte mit vor. Der Teigling kann dann entweder direkt auf die Platte oder auf Backfolie bzw. hitzebeständiges Backpapier gestürzt werden. Der Deckel wird sofort geschlossen.

Achten Sie darauf, dass der Deckel fest schließt, damit im Inneren Dampf entstehen kann. Die Temperatur wird nach 5–10 Minuten reduziert, sodass sie 200–220 °C erreicht. Die Backzeit ist dann wie im Rezept angegeben. Nach 10 Minuten kann der Grill einmal kurz geöffnet werden, damit der Dampf etwas abzieht. Ebenso können auch Pizza, Flammkuchen & Co. gebacken werden. Dabei wird die Temperatur jedoch nicht reduziert.

Für den Kugelgrill eignen sich auch kleine Kastenformen gut zum Brotbacken. Ich verwende am liebsten Modelle mit Einlagen aus Backfolie, dann hat man beim Campen keine Arbeit mit dem Abspülen.

KLEINE KASTENFORMEN mit Dauerbackfolie.

FERTIG GEBACKENES Brot im gusseisernen Topf auf einem Gasgrill.

DUTCH OVEN AUF DEM GRILL ODER AUF DER GAS-KOCHPLATTE

Ein gusseiserner Topf bzw. Dutch Oven ist ebenfalls eine prima Möglichkeit, im Urlaub zu backen. Auch hier wird der Topf möglichst hoch vorgeheizt und der Teigling in den heißen Topf gegeben.

Auch Brötchen können so gebacken werden, dann jedoch in mehreren Durchgängen. Der Dutch Oven kann auf jeder Art von Grill oder auch über offenem Feuer verwendet werden.

Nach dem Anbacken von ca. 10 Minuten wird auf mittlere Hitze reduziert. Je nach Leistung von Grill oder Kochstelle müssen Sie die richtige Temperatur herausfinden.

ZUM BACKEN muss der Deckel auf den gusseisernen Topf gelegt werden.

OMNIA-BACKOFEN

Der Omnia ist vielen Campern bereits bekannt. Er ähnelt einer Kuchenform, ist jedoch ein kleiner mobiler Backofen, der auf der Gas-Kochplatte, dem Elektroherd oder dem Grill genutzt werden kann.

Darin können Brote oder Brötchen gebacken wie auch viele andere Gerichte und Aufläufe gegart werden. Der Omnia besteht aus Unterteil, Aufsatz und Deckel, die immer zusammen genutzt werden müssen. So bekommen Brote und Brötchen sowohl Ober- als auch Unterhitze.

Es gibt für den Omnia weiteres Zubehör wie ein Aufbackgitter und eine Silikonform. Außerdem kann man sich eine Dauerbackfolie in der Größe der Form zuschneiden und darauf direkt in der Aluschale backen. Dann müssen nur die Seiten gefettet werden. Oder Sie backen in der Silikonform. Seit Kurzem gibt es die Möglichkeit, den Alutopf vom Omnia innen beschichten zu lassen. Damit können Sie wesentlich besser direkt im Omnia backen und alles wird knuspriger und bekommt eine schöne Bräunung. Es gibt mittlerweile einen größeren Omniatopf. Der Deckel und anderes Zubehör ist passend, sodass man nur den Topf benötigt. Auch diesen kann man beschichten lassen.

Der Nachteil am Omnia ist, dass Sie immer ein rundes Brot mit einem Loch in der Mitte haben. Aber es funktioniert problemlos und ist eine gute Möglichkeit, ohne Grill im Campingbus zu backen.

DER OMNIA-BACKOFEN kann auch auf dem Gasgrill verwendet werden.

TEIGLING IM Omnia-Einsatz nach der Stückgare.

Bei der Temperatureinstellung müssen Sie ein wenig ausprobieren, denn sie ist immer von der Leistung Ihres Grills oder der Gas-Kochplatte abhängig. Natürlich kann auch auf normalen Kochplatten mit dem Omnia gebacken werden.

Der Omnia bietet den Vorteil, dass der Teig in der Stückgare direkt darin gehen kann. Die Form sollte dabei jedoch nur zur Hälfte gefüllt werden, damit der Teig bis zum Backen genug Platz hat. Das bedeutet, bei den Rezepten in diesem Buch nicht mehr als 250–300 g Mehl zu verwenden (und alle weiteren Zutaten anteilig zu reduzieren).

Das Unterteil aus Edelstahl wird für Brote und Brötchen immer 2–3 Minuten auf der höchsten Einstellung auf der Backstelle vorerhitzt. Auch der Alutopf kann mit vorgeheizt werden, wenn der Teig in der Silikonform gebacken wird. Danach werden die Backform bzw. die Silikonform und der Deckel daraufgesetzt, und die Hitze wird nach 15–20 Minuten auf die kleinste bis mittlere Stufe reduziert. Brote werden dann weitere 30–40 Minuten auf kleinster Hitze fertig gebacken, umgedreht und nochmal 10–15 Minuten gebacken, damit auch die Oberseite knusprig wird. Brötchen benötigen etwa die halbe Zeit. Je nach Hitzequelle und Leistung kann die Zeit variieren.

Der Omnia eignet sich auch sehr gut zum Aufbacken oder Toasten von Brötchen. Dazu verwendet man am besten das Gitter, das als Zubehör erhältlich ist.

Empfehlenswert ist eine Simmerplatte, die zwischen Brennstelle und Omnia gelegt wird. Sie verteilt die Hitze gleichmäßiger.

ZU DEN REZEPTEN

ZUTATEN UND ZUBEREITUNGSSCHRITTE

SO GELINGEN DIE REZEPTE

Meine Rezepte sind alle gleich aufgebaut. Sie verwenden die nachfolgenden Zutaten und folgen stets den beschriebenen Zubereitungsschritten. So sind die Rezepte problemlos nachvollziehbar – und Sie werden schnell eine Backroutine entwickeln.

ZUTATEN UND ALTERNATIVEN

Bestimmte Zutaten lassen sich bei vielen Rezepten austauschen. So können beispielsweise flüssige Zutaten durch andere Flüssigkeiten ersetzt werden. Ebenso können Saaten mit gleicher Flüssigkeitsaufnahme getauscht werden. Und natürlich gibt es für die Mehle und Getreidesorten Ersatzmöglichkeiten. Alternativen zu außergewöhnlichen Mehlsorten finden Sie jeweils im Rezept.

FLÜSSIGKEITEN

Flüssige Zutaten mit gleicher Konsistenz können untereinander getauscht werden. Statt Milch können in allen Rezepten vegane Pflanzendrinks verwendet werden.

- Wasser mit Saft, Milch, Pflanzendrink, Bier, Cidre, Kaffee und Tee
- Sahne mit Kefir und Buttermilch
- Schmand mit Quark, Crème fraîche, saurer Sahne, griech. Joghurt, Mascarpone

Werden flüssige Zutaten gegen festere getauscht oder umgekehrt, muss die Flüssigkeitsmenge entsprechend angepasst werden.

FETTE UND ÖLE

Bei manchen Rezepten werden Olivenöl, Sonnenblumenöl oder Butter verwendet. Alternativ kann jedes andere Öl oder Fett ohne starken Eigengeschmack genommen werden (z. B. Distelöl, Rapsöl, Margarine, Schmalz).

SÜSSUNGSMITTEL

Viele Rezepte enthalten meist Zuckerrübensirup oder Honig. Diese können durch jedes andere Süßungsmittel wie Kokosblütenzucker, Dattelsirup, Reissirup, Zucker, Agavendicksaft oder Ahornsirup ersetzt oder auch weggelassen werden.

VERSCHIEDENE SAATEN für Brotteige.

SAATEN UND ALTBROT

Auch Saaten können ausgetauscht werden, doch muss dabei ihre Flüssigkeitsaufnahme (Quellfähigkeit) berücksichtigt werden. Die Flüssigkeitsaufnahme bedeutet die Menge an Wasser oder anderer Flüssigkeit, die die Saaten aufnehmen. Nüsse nehmen z. B. die halbe Menge ihres Eigengewichtes auf, Leinsamen die doppelte Menge.

- ½ Flüssigkeitsaufnahme: Nüsse, Sonnenblumenkerne, Kürbiskerne, Sesam, Hanf
- 1-fache Flüssigkeitsaufnahme: Schrot, Grieß, Flocken
- 2-fache Flüssigkeitsaufnahme: gemahlenes und geröstetes Altbrot, Leinsamen, Kleie

Eine Ausnahme bilden Flohsamenschalen, denn sie nehmen ein Vielfaches ihres Eigengewichtes an Wasser auf und binden es im Teig. Aus diesem Grund sind sie eher schlecht zu ersetzen.

MEHLE UND GETREIDE

Die gängigen Mehle in Deutschland sind Weizen 550, Weizen 1050, Dinkel 630, Dinkel 1050 und Roggen 1150 oder 1370. Einige Rezepte in diesem Buch werden mit italienischen oder französischen Mehlen zubereitet, viele enthalten auch Urkornmehle. Doch Sie müssen nicht all diese Mehle zu Hause haben, da viele untereinander ausgetauscht werden können. Je nach Mehlsorte müssen Sie dann nur die Flüssigkeitsmenge etwas anpassen. Französische und italienische Mehle haben den Vorteil, dass sie mehr Flüssigkeit aufnehmen als die deutschen Mehle. Dadurch bekommen Brote eine feuchtere Krume und bleiben länger frisch. Ich

UNTERSCHIEDLICHE GETREIDESORTEN.

empfehle Ihnen, zumindest eine italienische Sorte wie Manitoba oder Tipo 0 und eine französische Sorte wie T55 oder T65 zu kaufen.

In Deutschland, Österreich, der Schweiz, Frankreich und Italien gibt es vergleichbare Mehlsorten, die gemäß der nachfolgenden Tabelle untereinander getauscht werden können. Italienische und französische Mehle haben oft einen höheren Klebergehalt und benötigen mehr Flüssigkeit als die vergleichbaren deutschen Typen. Bestimmte Brote oder Brötchen, wie z.B. Baguette oder Ciabatta würde ich immer mit einer Mehlsorte mit hohem Klebergehalt zubereiten. Ansonsten können die Mehle gut gegen deutsche Mehle getauscht werden. In der Regel benötigt man dann weniger Flüssigkeit.

Tipp:
Zum Bearbeiten von Teigen verwenden Sie am besten Dunst, Mais- oder Roggenmehl.

Austausch von Mehlsorten

Deutschland	Österreich	Schweiz	Frankreich	Italien
Weizenmehl 405	W480 glatt	Weißmehl	Weizen T45	Tipo 00
Weizenmehl 550	W480 griffig	Weißmehl	Weizen T55/T65	Tipo 0 oder Manitobamehl
Weizenmehl 812	W700	Halbweißmehl	Weizen T80	Tipo 1
Weizenmehl 1050	W1600	Ruchmehl	Weizen T110	Tipo 2
Weizen-Vollkorn	W1800	Vollkornmehl	Weizen T150	Weizen Integrale
Roggenmehl 997	R960		Roggen T85	Roggenmehl Tipo 0
Roggenmehl 1150			Roggen T130	Roggenmehl Tipo 1
Roggen-Vollkorn	R2500 oder Roggenvollkorn	Roggenmehl 1900	Roggen T170	Roggen Integrale
Dinkelmehl 630	D700 glatt	Dinkel-Weißmehl		Bianca
Dinkelmehl 1050	D1500	Dinkel-Ruchmehl		Dinkel Integrale

- Champagnerroggenmehl 1000 kann gegen Roggenmehl 1150 oder 1370 und eventuell etwas weniger Flüssigkeit getauscht werden.
- Buchweizenmehl sollte nicht ersetzt werden, weil es dem Brot einen ganz besonderen Geschmack gibt.
- Bei den Urkornmehlen in diesem Buch handelt es sich fast ausschließlich um Vollkornmehle. Die Sorten Emmer, Urdinkel, Khorasan (Kamut), Rotkorn und Gelbweizen können untereinander ausgetauscht oder durch Weizen- und Dinkel-Vollkornmehl ersetzt werden. Das gilt ebenso für Waldstaudenroggen und Champagnerroggen, auch sie können gegen Roggen-Vollkormehl getauscht werden.
- Eine Ausnahme bildet Semola di grano duro Rimacinata. Diesen doppelt gemahlenen Hartweizengrieß würde ich nicht austauschen, da er Backwaren einen besonderen Geschmack und eine schöne Konsistenz gibt. Eine Alternative dafür ist aber normaler Hartweizengrieß, der in vielen Geschäften erhältlich ist.

TRIEBMITTEL

Anstellgut und Lievito Madre können untereinander getauscht werden. Wird statt Lievito Madre Anstellgut verwendet, muss die Flüssigkeit reduziert werden. Wird Lievito Madre statt Anstellgut verwendet, benötigt man etwas mehr Flüssigkeit. Allerdings kommen bei den Rezepten in diesem Buch so kleine Mengen Triebmittel in die Teige, dass Sie diese 1 : 1 tauschen können.

SAUERTEIG UND Lievito Madre.

DIE ZUBEREITUNGSSCHRITTE

Bei No-Knead-Broten müssen Sie nur wenigen Zubereitungsschritten folgen. Wenn Sie den Ablauf erst verinnerlicht haben, läuft alles wie von selbst.

MISCHEN Der erste Schritt ist das Mischen. Dazu werden bei allen Rezepten die flüssigen und weichen Zutaten und die Triebmittel mit einem Schneebesen gründlich vermischt. Erst danach kommen die Mehle oder feste Zutaten dazu und werden mit einem Löffel, Kochlöffel oder Dänischen Schneebesen untergemischt. Wichtig ist dabei, dass Sie alle Zutaten so lange vermischen, bis keine Mehlreste mehr zu sehen sind. Zuletzt wird der Teig dann am besten neben fließendem Wasser oder einer Schüssel mit Wasser einige Male gefaltet. Dazwischen befeuchten Sie immer wieder Ihre Hände unter bzw. im Wasser. So klebt der Teig am wenigsten an den Händen. Dann wird die Schüssel mit dem Deckel verschlossen.

STOCKGARE Die Stockgare ist die erste Gare und dauert bei allen Rezepten 10–12 Stunden, wenn die durchschnittliche Raumtemperatur 22–23 °C beträgt. Ist es bei Ihnen kühler, dauert die Gare länger, ist es wärmer, geht sie schneller (Seite 17). Während der Stockgare können Sie den Teig nach 1–2 Stunden nochmals wie nach dem Mischen falten. Dieser Schritt kann aber auch erst nach 3–4 Stunden erledigt werden oder ganz entfallen, wenn er nicht in Ihren Tagesablauf passt.

FORMEN Teiglinge für Brote oder Brötchen werden in der Regel rund- oder langgewirkt. Das bedeutet, die Oberfläche wird straff geformt, damit der Teigling Oberflächenspannung bekommt und in Form bleibt.

RUNDWIRKEN VON BROTTEIGEN

- Den Teig von außen (1) zur Mitte hin (2) falten, bis er rund ist und die Unterseite Spannung aufweist. Dazu zieht man Stück für Stück die Außenseite des Teiges zur Mitte und drückt sie dort etwas fest.

- Dann den Teig umdrehen und auf der Unterlage mit den Händen oder einer Teigkarte 3 noch mehr in Spannung bringen. Am besten klappt das mit einer großen Teigkarte, indem diese rundum mit einer schnellen Bewegung unter den Teigling geschoben wird. Mit der anderen Hand leicht gegen den Teigling halten.

3

RUNDWIRKEN VON BRÖTCHENTEIGEN

1

2

3

- Die abgestochenen Teiglinge rundum von der Außenseite 1 zur Mitte hin 2 falten, bis jeder Teigling rund ist und die Unterseite Spannung aufweist.
- Anschließend kann der Teigling geschliffen werden. Dafür wird er mit der hohlen Hand 3 auf der nicht bemehlten Unterlage immer in die gleiche Richtung gedreht.

LANGWIRKEN VON BROTTEIGEN

- Dafür den Teig zuerst rundwirken (Seite 32/33). Danach zuerst die obere Seite zur Mitte hin falten (1), dann die untere Seite und schließlich den Teig auf der Arbeitsfläche noch etwas runder rollen.
- Mit einer großen Teigkarte kann der Teig noch mehr in Spannung gebracht werden. Dazu die Teigkarte von allen Seiten (2) und (3) mit einer schnellen Bewegung etwas unter den Teig schieben.

LANGWIRKEN VON BRÖTCHENTEIGEN

- Den Teigling zuerst rundwirken (Seite 32/33). Dann umdrehen und etwas flach drücken. (1)
- Anschließend von oben zur Mitte hin falten (2), einmal um 180° drehen und wieder von oben zur Mitte hin falten. Danach können Sie ihn mit flachen Händen (3) ohne viel Druck auf der nicht bemehlten Arbeitsunterlage rundrollen. (4)
- Für spitze Enden (5) während des Rundrollens oder auch danach mit etwas mehr Druck auf den Außenkanten rollen.

2

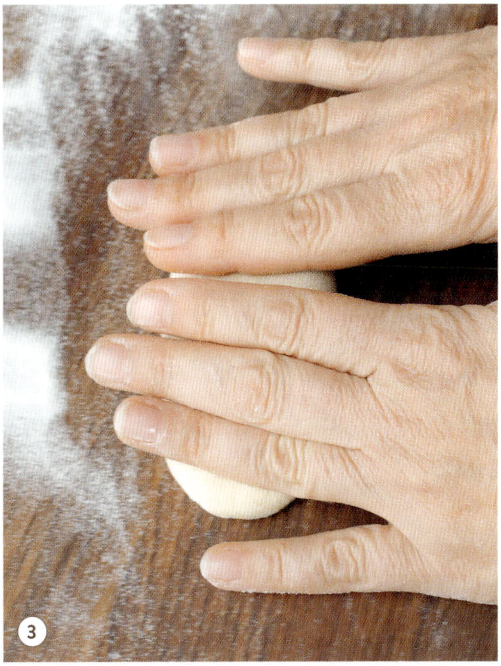
3

4

5

FINGERTEST AM Ende der Stückgare.

STÜCKGARE Die zweite Gare nennt man Stückgare. Sie beginnt direkt nach dem Formen des Teiglings und endet mit dem Einschießen in den Backofen. Die Stückgare variiert je nach Rezept. Wichtig ist, dass Sie selbst auf den richtigen Garezustand achten, da dieser je nach Raumtemperatur, Luftfeuchtigkeit und Teigtemperatur schwanken kann. Der optimale Garezustand liegt zwischen Unter- und Übergare.

Der Garezustand lässt sich sehr gut mit dem Fingertest bestimmen. Dafür stupsen Sie mit dem Finger in den Teig (1). Braucht er länger, um diese Delle wieder aufzufüllen (2), ist der richtige Zeitpunkt zum Backen erreicht. Springt die Delle schnell wieder zurück, hat er Untergare. Bleibt die Delle, hat er Übergare.

GAREZUSTÄNDE

- **UNTERGARE:** Der Teig hat noch nicht genug Volumen entwickelt. Wird er jetzt gebacken, wäre die Krume kompakt und die Kruste würde aufreißen.
- **ÜBERGARE:** Der Teig hat zu lange gestanden. Beim Stürzen aus dem Gärkorb läuft er schnell auseinander, ein Einschneiden ist kaum noch möglich.
- **VOLLGARE:** Der ideale Zustand zum Einschießen. Der Teig ist stabil, hält nach dem Stürzen seine Form und kann gut eingeschnitten werden. Soll der Teigling allerdings beim Backen richtig aufreißen, muss er etwas früher eingeschossen werden.

BACKEN Alle Brote in diesem Buch benötigen in der Regel 45–50 Minuten Backzeit. Eingeschossen wird immer bei möglichst hoher Temperatur. Bei mir sind das 250 °C. Nach 10 Minuten wird die Temperatur um 30–50 °C reduziert. Besitzen Sie einen Backofen, der auf 300 °C aufheizt, schießen Sie bei dieser Temperatur ein und schalten ihn sofort auf 200 °C herunter.

Wichtig ist, dass Sie Ihren Backofen kennen, denn fast jeder Backofen hat bei der Einstellung von 250 °C eine andere Temperatur. Manche Modelle müssen niedriger aufgeheizt, manche früher heruntergeschaltet werden.

Ich verwende in meinem Backofen einen Backstahl, den man sich für ein paar Euro fertigen lassen kann (Seite 170). Er wird mit aufgeheizt, und der Teigling hat schon beim Einschießen eine gute Untergrundhitze. Ersatzweise verwenden Sie ein Backblech.

Beim Backen sollte immer geschwadet werden, d. h. direkt beim Einschießen muss im Backofen Wasserdampf entstehen. Das klappt nicht, wenn Sie nur einen Behälter mit Wasser mit aufheizen. Ideal ist es dagegen, wenn Sie eine kleine mit Edelstahlschrauben oder Lavasteinen gefüllte Edelstahlschale mit in den Ofen stellen. Beim Einschießen spritzen Sie dann mit einer großen Spritze 60–80 ml Wasser in die Schale.

Das Schwaden erübrigt sich jedoch, wenn Sie in einem gusseisernen Topf mit Deckel backen. Der Topf wird im Backofen mit aufgeheizt und der Teigling in den heißen Topf gegeben. Die Backzeit bleibt gleich. Der Deckel kann eventuell in den letzten 10 Minuten abgenommen werden, damit sich eine bessere Kruste bildet.

BEIM BACKEN im gusseisernen Topf wird nicht geschwadet.

AUSKÜHLEN UND AUFBEWAHREN Nach dem Backen nehmen Sie Brote oder Brötchen aus dem Backofen und lassen sie auf einem Rost vollständig abkühlen. Erst danach in Scheiben schneiden. Im Topf gebackene Brote werden zum Auskühlen auf den Rost gestürzt.

Brot und Brötchen halten sich in einen Leinenbeutel eingewickelt am besten frisch. Bereits aufgeschnittenes Brot bleibt in einem verschlossenen Gefrierbeutel besonders lange frisch. Für den Vorrat können Sie Brot und Brötchen in Gefrierbeuteln tiefkühlen und dann bei Raumtemperatur wieder auftauen lassen. Für eine knusprige Kruste backen Sie das aufgetaute Gebäck nochmals im 200 °C heißen Backofen 5–10 Minuten auf.

GETROCKNETES ALTBROT für mehr Aroma und längere Frischhaltung.

FACHBEGRIFFE FÜR GUTES GELINGEN

In den Rezepten werden Ihnen immer wieder ein paar Begriffe aus dem Bäckerhandwerk begegnen. Was sie genau bedeuten, erfahren Sie hier.

ALTBROT Altbrot bringt mehr Aroma ins Brot und hält es länger frisch. Dafür getrocknete Brotstücke im Backofen bei 200 °C rösten, bis sie etwas bräunen. Dann abkühlen lassen und wie Semmelbrösel zerkleinern. Sofern das Altbrot keine Saaten enthält, können die Brösel monatelang aufbewahrt werden. Als Ersatz können Sie auch fertige Semmelbrösel verwenden, die Sie zuvor im Backofen oder in der Pfanne geröstet haben.

ANSTELLGUT Teil vom Sauerteig, der im Kühlschrank ruht und zum Ansetzen von Sauerteig benutzt wird. In diesem Buch wird allerdings ausschließlich Anstellgut direkt aus dem Kühlschrank verwendet. Das bedeutet, Sie müssen Ihren Sauerteig oder Lievito Madre nicht vorher auffrischen, sondern können ihn direkt aus dem Kühlschrank verwenden.

DAMPF ABLASSEN Da beim Einschießen Wasserdampf in den Backofen gebracht wird, muss diese Feuchtigkeit auch wieder abgelassen werden – sonst bildet sich keine richtige Kruste. Dafür wird die Backofentür 5–10 Sekunden weit geöffnet.

DEHNEN UND FALTEN Damit sich der Teig gut entwickelt, wird er während der Stockgare gedehnt und gefaltet. Das ist wichtig, damit der Teig ein gutes Glutengerüst aufbaut und Luft hineinkommt. Bei festeren Teigen wird eher nur gefaltet, weiche Teige können richtig gedehnt und gefaltet werden. Roggenlastige Teige werden nicht gefaltet.

EINSCHIESSEN So nennt man das Einschieben des Teiglings in den Backofen. Das klappt am besten mit einem schmalen Holzbrett (Einschießer). Auch ein Pizzaschieber leistet gute Dienste.

KRUME UND KRUSTE Die Krume bezeichnet das weiche Innere von Brot, die Kruste die feste Außenhaut.

MEHLNESTER Sie können beim Mischen des Teiges dadurch entstehen, dass sich das Mehl an einigen Stellen nicht mit der Flüssigkeit verbunden hat. Solche Mehlnester müssen unbedingt vermieden werden, da sie sonst unter Umständen beim gebackenen Brot in der Krume verbleiben.

SCHLUSS Beim Schluss handelt es sich um die Naht des Teiglings. Wenn diese beim Backen unten ist, wird der Teig oben eingeschnitten, damit er nicht unkontrolliert aufreißt. Ist der Schluss beim Backen oben, wird nicht eingeschnitten, da der Teigling von alleine aufreißt.

SCHÜTTFLÜSSIGKEIT Flüssigkeit, die in den Teig gegeben wird. Das kann Wasser, Bier, Joghurt etc. sein.

SCHWADEN Damit Brot und Brötchen eine knusprige Kruste bekommen, wird beim Einschießen geschwadet. Man gibt also Wasser in den heißen Ofen, um Wasserdampf zu erzeugen (Seite 37).

STOCKGARE Zeit ab dem Ende des Knetens bzw. in diesem Buch ab dem Ende des Anrührens bis zum Formen des Teiges.

STÜCKGARE Zeit ab der Formgebung des Teiges bis zum Einbringen in den Backofen.

NO-KNEAD-BROTE UND -BRÖTCHEN
MIT HEFE

SEMOLA-PANINI

Panini sind Brötchen, die man in Italien mit Wurst und Käse belegt kaufen kann. Eine wichtige Zutat in diesem Rezept ist Semola, doppelt gemahlener Hartweizengrieß. Er ist etwas feiner als Grieß und gröber als Mehl. Wenn Sie ihn nicht bekommen, verwenden Sie normalen Hartweizengrieß. Panini können unterschiedlich geformt werden. Hier werden sie einfach viereckig abgestochen.

Stockgare: 10–12 Stunden
Stückgare: 60–90 Minuten
Backzeit: 15–17 Minuten

FÜR 8 STÜCK

200 g Semola Rimacinata (oder Hartweizengrieß)
250 g Weizenmehl Tipo 0 (oder Weizenmehl 550)
50 g Roggenmehl 1150
180 g Milch
220 g Wasser
3 g frische Hefe
12 g Salz
15 g Olivenöl

MISCHEN Milch, Wasser, Hefe, Salz und Olivenöl in eine Schüssel geben und mit dem Schneebesen glatt rühren. Das gesamte Mehl zufügen und mit einem Dänischen Schneebesen oder Kochlöffel unterrühren, bis keine Mehlnester mehr zu sehen sind. Den Teig dann am besten direkt neben dem Spülbecken bei laufendem Wasser mit nassen Händen rundum falten.

STOCKGARE Den Teig abgedeckt 10–12 Stunden bei Raumtemperatur gehen lassen. Dabei wenn möglich nach 1–2 Stunden nochmals mit nassen Händen rundum falten.

FORMEN Den Teig auf eine leicht bemehlte Unterlage geben und mit der Teigkarte von allen vier Seiten einmal nach innen falten. Dann zu einem Rechteck (ca. 30 × 20 cm) drücken und ziehen. Mit der Teigkarte rechteckige Teiglinge abstechen, auf Backpapier oder Backfolie setzen und leicht bemehlen.

STÜCKGARE Die Teiglinge abgedeckt 60–90 Minuten bei Raumtemperatur gehen lassen.

BACKEN Den Backofen auf 250 °C (Ober- und Unterhitze) vorheizen. Ein Backblech (oder Backstahl) mit aufheizen. Die Teiglinge mit dem Backpapier bzw. der Backfolie einschießen und den Backofen schwaden. Nach 10 Minuten den Dampf ablassen und den Backofen auf 220 °C herunterschalten. Die Brötchen weitere 5–7 Minuten backen. Dabei die Ofentür in der letzten Minute einen Spaltbreit öffnen, damit der Dampf abzieht.

WEIZEN-ROGGEN-MISCHA

Dieses einfache Mischbrot ist ein feines Alltagsbrot, das zu allem passt. Zur Abwechslung können Sie statt Weizenmehl auch einmal Dinkelmehl und etwas weniger Flüssigkeit verwenden.

Stockgare: 10–12 Stunden
Stückgare: 60–90 Minuten
Backzeit: 45–50 Minuten

FÜR 1 BROT (ca. 800 g)

200 g Weizenmehl 550
150 g Weizenmehl 1050
150 g Roggenmehl 1150
360 g Wasser
3 g frische Hefe
2 TL Zuckerrübensirup
12 g Salz

MISCHEN Wasser, Hefe, Rübensirup und Salz in eine Schüssel geben und mit dem Schneebesen glatt rühren. Das gesamte Mehl zufügen und mit einem Dänischen Schneebesen oder Kochlöffel unterrühren, bis keine Mehlnester mehr zu sehen sind. Den Teig dann am besten direkt neben dem Spülbecken bei laufendem Wasser mit nassen Händen rundum falten.

STOCKGARE Den Teig abgedeckt 10–12 Stunden bei Raumtemperatur gehen lassen. Dabei wenn möglich nach 1–2 Stunden nochmals mit nassen Händen rundum falten.

FORMEN Den Teig auf eine leicht bemehlte Unterlage geben und mit der Teigkarte von allen vier Seiten einmal nach innen falten. Den Teig rund- oder langwirken und mit dem Schluss nach oben in einen bemehlten Gärkorb legen.

STÜCKGARE Den Teig abgedeckt 60–90 Minuten bei Raumtemperatur gehen lassen.

BACKEN Den Backofen auf 250 °C (Ober- und Unterhitze) vorheizen. Ein Backblech (oder Backstahl) mit aufheizen. Den Teigling vorsichtig auf Backpapier oder Backfolie stürzen und einschneiden. Einschießen und den Backofen schwaden. Nach 10 Minuten den Dampf ablassen und den Backofen auf 200 °C herunterschalten. Das Brot weitere 35–40 Minuten backen.

JOGHURT-TOASTIES

Diese Toasties sind ein ideales Camping-Gebäck, da sie auch mal nur in der Pfanne statt wie hier in Pfanne und Ofen gebacken werden können. Den Teig können Sie schon abends ansetzen und dann morgens rasch ausstechen und backen. Die Teiglinge lassen sich in beliebiger Größe ausstechen oder einfach rundwirken und flachdrücken.

Stockgare: 10–12 Stunden
Stückgare: 30 Minuten
Backzeit: 12–13 Minuten

FÜR 10–14 STÜCK

250 g Weizenmehl 550
250 g Dinkelmehl 1050
200 g griechischer Joghurt (oder Vollmilchjoghurt)
130 g Wasser
1 Ei (Gr. M, ca. 50 g)
3 g frische Hefe
1 TL Honig
12 g Salz
25 g Butter, geschmolzen

MISCHEN Joghurt, Wasser, Ei, Hefe, Honig, Salz und die flüssige Butter in eine Schüssel geben und mit dem Schneebesen glatt rühren. Das gesamte Mehl zufügen und mit einem Dänischen Schneebesen oder Kochlöffel unterrühren, bis keine Mehlnester mehr zu sehen sind. Den Teig dann am besten direkt neben dem Spülbecken bei laufendem Wasser mit nassen Händen rundum falten.

STOCKGARE Den Teig abgedeckt 10–12 Stunden bei Raumtemperatur gehen lassen. Dabei wenn möglich nach 1–2 Stunden nochmals mit nassen Händen rundum falten.

FORMEN Den Teig auf eine leicht bemehlte Unterlage geben und mit der Teigkarte von allen vier Seiten einmal nach innen falten. Rundwirken und ½-1 cm dick ausrollen. Dann mit einem runden Ausstecher oder einem Glas Kreise (6–8 cm Ø) ausstechen und auf Backpapier oder Backfolie legen.

STÜCKGARE Die Teiglinge abgedeckt 30 Minuten bei Raumtemperatur gehen lassen.

BACKEN Den Backofen auf 220 °C (Ober- und Unterhitze) vorheizen. Ein Backblech (oder Backstahl) mit aufheizen. Eine beschichtete Pfanne erhitzen und die Teiglinge darin bei mittlerer Hitze von jeder Seite 3 Minuten braten. Herausnehmen, auf das heiße Backblech legen und im Backofen ohne Schwaden in 6–7 Minuten fertig backen.

Tipp: Die Toasties lassen sich sehr gut tiefkühlen. Im Toaster sind sie ganz schnell aufgebacken und aufgetaut.

DINKEL-CIABATTA

Auch aus Dinkelmehl lässt sich feines Ciabattabrot backen. Wichtig ist viel Flüssigkeit im Teig, was man durch die Zugabe von Flohsamenschalen erreicht. Flohsamenschalen nehmen ein Vielfaches ihres Eigengewichtes an Flüssigkeit auf, binden sie und machen das Brot schön luftig.

Stockgare: 10–12 Stunden
Stückgare: 30–45 Minuten
Backzeit: 20–25 Minuten

FÜR 2 BROTE (à 420 g)

350 g Dinkelmehl 630
150 g Dinkelmehl 1050
6 g Flohsamenschalen
240 g Wasser
180 g Milch
5 g frische Hefe
1 TL Honig
12 g Salz
20 g Olivenöl

MISCHEN Flohsamenschalen, Wasser, Milch, Hefe, Honig, Salz und Olivenöl in eine Schüssel geben und mit dem Schneebesen glatt rühren. Das gesamte Mehl zufügen und mit einem Dänischen Schneebesen oder Kochlöffel unterrühren, bis keine Mehlnester mehr zu sehen sind. Den Teig dann am besten direkt neben dem Spülbecken bei laufendem Wasser mit nassen Händen rundum falten.

STOCKGARE Den Teig abgedeckt 10–12 Stunden bei Raumtemperatur gehen lassen. Dabei wenn möglich nach 1–2 Stunden nochmals mit nassen Händen rundum falten.

FORMEN Den Teig auf eine leicht bemehlte Unterlage stürzen und mit einer Teigkarte einmal von oben nach unten und einmal von rechts nach links falten. Bemehlen und zu einem Rechteck drücken und ziehen. Die Teigoberfläche nochmals bemehlen und das Rechteck mittig in 2 längliche Teiglinge abstechen. Diese Teiglinge auf Backpapier oder Backfolie legen.

STÜCKGARE Die Teiglinge abgedeckt 30–45 Minuten bei Raumtemperatur gehen lassen.

BACKEN Den Backofen auf 250 °C (Ober- und Unterhitze) vorheizen. Ein Backblech (oder Backstahl) mit aufheizen. Die Teiglinge mit dem Backpapier bzw. der Backfolie einschießen und den Backofen schwaden. Nach 10 Minuten den Dampf ablassen und den Backofen auf 220 °C herunterschalten. Die Brote weitere 10–15 Minuten backen.

SONNTAGSBRÖTCHEN

Joghurt macht diese einfachen Brötchen besonders fluffig und lecker. Mit einem Topping aus verschiedenen Saaten wie Mohn, Sesam, Sonnenblumenkernen oder Flocken steht im Handumdrehen ein gemischter Brötchenkorb auf dem Tisch.

Stockgare: 10–12 Stunden
Stückgare: 30–45 Minuten
Backzeit: 15–17 Minuten

FÜR 9 STÜCK

300 g Weizenmehl 550
200 g Dinkelmehl 630
200 g griechischer Joghurt (oder Vollmilchjoghurt)
180 g Wasser
3 g frische Hefe
1 TL Honig
12 g Salz
30 g Butter, geschmolzen

Topping

Mohn, Sesam, Flocken, gemischte Saaten (nach Belieben)

MISCHEN Joghurt, Wasser, Hefe, Honig, Salz und Butter in eine Schüssel geben und mit dem Schneebesen glatt rühren. Das gesamte Mehl zufügen und mit einem Dänischen Schneebesen oder Kochlöffel unterrühren, bis keine Mehlnester mehr zu sehen sind. Den Teig dann am besten direkt neben dem Spülbecken bei laufendem Wasser mit nassen Händen rundum falten.

STOCKGARE Den Teig abgedeckt 10–12 Stunden bei Raumtemperatur gehen lassen. Dabei wenn möglich nach 1–2 Stunden nochmals mit nassen Händen rundum falten.

FORMEN UND TOPPING Den Teig auf eine bemehlte Unterlage geben und mit einer Teigkarte einmal von oben nach unten und einmal von rechts nach links falten. Dann 9 Teiglinge (à 100–105 g) abstechen und rundwirken. Die Teiglinge 10 Minuten entspannen lassen, dann nochmals straff rundwirken. Für das Topping ein gefaltetes Geschirrtuch mit kaltem Wasser tränken, nur leicht ausdrücken und auf einen Teller legen. Die Saaten auf einen bzw. verschiedene Teller geben. Die Teiglinge mit der Oberfläche zuerst auf dem Tuch, dann in den Saaten wälzen. Mit dem Schluss nach unten auf Backpapier oder Backfolie setzen.

STÜCKGARE Die Teiglinge abgedeckt 30–45 Minuten bei Raumtemperatur gehen lassen.

BACKEN Den Backofen auf 250 °C (Ober- und Unterhitze) vorheizen. Ein Backblech (oder Backstahl) mit aufheizen. Die Teiglinge einschneiden, mit dem Backpapier bzw. der Backfolie einschießen und den Backofen schwaden. Nach 10 Minuten den Dampf ablassen und den Backofen auf 220 °C herunterschalten. Die Brötchen weitere 5–7 Minuten backen. Dabei die Ofentür in der letzten Minute einen Spaltbreit öffnen, damit der Dampf abzieht.

DINKEL-BUTTERMILCH-KRÜSTCHEN

Buttermilch macht dieses Dinkelbrot wunderbar fluffig und hält es lange frisch. Das Zopfmuster ist lange nicht so kompliziert wie es aussieht, aber es macht das Brot zu etwas Besonderem. Ein köstliches Geschenk aus Ihrer Backstube.

Stockgare: 10–12 Stunden
Stückgare: 90 Minuten
Backzeit: 45–50 Minuten

FÜR 1 BROT (ca. 800 g)

200 g Dinkelmehl 630
100 g Dinkelmehl 1050
200 g Dinkel-Vollkornmehl
330 g Buttermilch
60 g Wasser
3 g frische Hefe
1 TL Honig
12 g Salz
15 g Sonnenblumenöl

MISCHEN Buttermilch, Wasser, Hefe, Honig, Salz und Sonnenblumenöl in eine Schüssel geben und mit dem Schneebesen glatt rühren. Das gesamte Mehl zufügen und mit einem Dänischen Schneebesen oder Kochlöffel unterrühren, bis keine Mehlnester mehr zu sehen sind. Den Teig dann am besten direkt neben dem Spülbecken bei laufendem Wasser mit nassen Händen rundum falten.

STOCKGARE Den Teig abgedeckt 10–12 Stunden bei Raumtemperatur gehen lassen. Dabei wenn möglich nach 1–2 Stunden nochmals mit nassen Händen rundum falten.

FORMEN Den Teig auf eine leicht bemehlte Unterlage geben und mit der Teigkarte von allen vier Seiten einmal nach innen falten. Den Teigling rundwirken. Danach ein Drittel vom Teigling mit einem Rollholz länglich ausrollen und das ausgerollte Stück mit der Teigkarte längs in 3 Stränge teilen. Die Teigstränge zu einem Zopf flechten. Den Zopf über den Teigling legen und das Ende an der anderen Seite unter den Teigling schieben. Auf Backpapier oder Backfolie legen.

STÜCKGARE Den Teigling abgedeckt 90 Minuten bei Raumtemperatur gehen lassen.

BACKEN Den Backofen auf 250 °C (Ober- und Unterhitze) vorheizen. Ein Backblech (oder Backstahl) mit aufheizen. Den Teigling seitlich vom Zopf einschneiden, mit dem Backpapier bzw. der Backfolie einschießen und den Backofen schwaden. Nach 10 Minuten den Dampf ablassen und den Backofen auf 200 °C herunterschalten. Das Brot weitere 35–40 Minuten backen.

WEIZEN-ZÖPFCHEN

Auch Brötchen lassen sich mit einem Zöpfchen „aufhübschen". So bringen Sie etwas Besonderes auf den Frühstückstisch und können Ihre Gäste beeindrucken.

Stockgare: 10–12 Stunden
Stückgare: 2 Stunden
Backzeit: 15–17 Minuten

FÜR 9 STÜCK

300 g Weizenmehl 550
200 g Weizenmehl 1050
3 g Flohsamenschalen
360 g Milch
3 g frische Hefe
1 TL Honig
12 g Salz
25 g Butter, geschmolzen

Zum Einstreichen
Milch

MISCHEN Flohsamenschalen, Milch, Hefe, Honig, Salz und Butter in eine Schüssel geben und mit dem Schneebesen glatt rühren. Das gesamte Mehl zufügen und mit einem Dänischen Schneebesen oder Kochlöffel unterrühren, bis keine Mehlnester mehr zu sehen sind. Den Teig dann am besten direkt neben dem Spülbecken bei laufendem Wasser mit nassen Händen rundum falten.

STOCKGARE Den Teig abgedeckt 10–12 Stunden bei Raumtemperatur gehen lassen. Dabei wenn möglich nach 1–2 Stunden nochmals mit nassen Händen rundum falten.

FORMEN Den Teig auf eine bemehlte Unterlage geben und mit der Teigkarte von allen vier Seiten einmal nach innen falten. Vom Teig 9 Teiglinge (à 95–100 g) abstechen. Diese rundwirken und 10 Minuten entspannen lassen. Danach nochmals straff rundwirken. Ein Drittel jedes Teiglings mit einem Rollholz dünn ausrollen und das ausgerollte Stück mit der Teigkarte in 3 Stränge teilen. Die Stränge zu einem Zopf flechten, über den Teigling legen und das Ende an der anderen Seite unter den Teigling schieben. Die Teiglinge auf Backpapier oder Backfolie legen und mit etwas Mehl bestäuben.

STÜCKGARE Die Teiglinge abgedeckt 2 Stunden bei Raumtemperatur gehen lassen.

BACKEN Den Backofen auf 250 °C (Ober- und Unterhitze) vorheizen. Ein Backblech (oder Backstahl) mit aufheizen. Die Teiglinge mit Milch bestreichen, mit dem Backpapier bzw. der Backfolie einschießen und den Backofen schwaden. Nach 10 Minuten den Dampf ablassen und den Backofen auf 220 °C herunterschalten. Die Brötchen weitere 5–7 Minuten backen. Dabei die Ofentür in der letzten Minute einen Spaltbreit öffnen, damit der Dampf abzieht.

Tipp: Für Brotstangen den Teig in 2–3 Teiglinge teilen, zu Stangen formen und nach der gleichen Stückgare 20–25 Minuten backen.

DOUBLE CORN

Dieses Maisbrot enthält neben frisch gemahlenem Maismehl noch gekochte, pürierte Maiskörner. Dadurch wird es schön saftig, hält lange frisch und passt zu allem. Aus dem Teig lassen sich auch dünnere Stangen als Beilagenbrot formen und backen.

Stockgare: 10–12 Stunden
Stückgare: 45–60 Minuten
Backzeit: 45–50 Minuten

FÜR 1 BROT (ca. 900 g)

300 g Weizenmehl T65 (oder Weizenmehl 550)
100 g Semola Rimacinata (oder Hartweizengrieß)
100 g Maismehl
150 g Maiskörner (aus der Dose)
100 g Milch
240 g Wasser
3 g frische Hefe
12 g Salz

MISCHEN Maiskörner, Milch, Wasser, Hefe und Salz im Mixer oder mit einem Pürierstab fein pürieren und in eine Schüssel geben. Das gesamte Mehl zufügen und mit einem Dänischen Schneebesen oder Kochlöffel unterrühren, bis keine Mehlnester mehr zu sehen sind. Den Teig dann am besten direkt neben dem Spülbecken bei laufendem Wasser mit nassen Händen rundum falten.

STOCKGARE Den Teig abgedeckt 10–12 Stunden bei Raumtemperatur gehen lassen. Dabei wenn möglich nach 1–2 Stunden nochmals mit nassen Händen rundum falten.

FORMEN Den Teig auf eine leicht bemehlte Unterlage geben und mit der Teigkarte von allen vier Seiten einmal nach innen falten. Danach vorsichtig ohne viel Druck rund- oder langwirken und mit dem Schluss nach oben in einen Gärkorb geben.

STÜCKGARE Den Teig abgedeckt 45–60 Minuten bei Raumtemperatur gehen lassen.

BACKEN Den Backofen auf 250 °C (Ober- und Unterhitze) vorheizen. Ein Backblech (oder Backstahl) mit aufheizen. Den Teigling vorsichtig auf Backpapier oder Backfolie stürzen und einschneiden. Einschießen und den Backofen schwaden. Nach 10 Minuten den Dampf ablassen und den Backofen auf 200 °C herunterschalten. Das Brot weitere 35–40 Minuten backen.

SAATEN-BOX

Saaten, Flocken und ein hoher Vollkornanteil machen dieses Kastenbrot besonders saftig und sehr aromatisch. Zudem bleibt es lange frisch. Bei Saaten lohnt es sich immer, diese vor der Verwendung in einer beschichteten Pfanne trocken zu rösten. So entwickeln sie ihr volles Aroma.

Stockgare: 10–12 Stunden
Stückgare: 3–4 Stunden
Backzeit: 50–55 Minuten

FÜR 1 BROT (ca. 1100 g, KASTENFORM 23 × 11 cm)

200 g Weizen-Vollkornmehl
100 g Roggen-Vollkornmehl
200 g Weizenmehl 550
75 g Haferflocken
25 g geschrotete Leinsamen
25 g schwarzer Sesam
25 g heller Sesam
40 g Sonnenblumenkerne
350 g Wasser
220 g Buttermilch
3 g frische Hefe
1 TL Zuckerrübensirup
14 g Salz

Topping

Saaten (nach Wahl), geröstet und abgekühlt

MISCHEN Flocken und alle Saaten, Wasser, Buttermilch, Hefe, Rübensirup und Salz in eine Schüssel geben und mit dem Schneebesen glatt rühren. Das gesamte Mehl zufügen und mit einem Dänischen Schneebesen oder Kochlöffel unterrühren, bis keine Mehlnester mehr zu sehen sind. Den Teig dann am besten direkt neben dem Spülbecken bei laufendem Wasser mit nassen Händen rundum falten.

STOCKGARE Den Teig abgedeckt 10–12 Stunden bei Raumtemperatur gehen lassen. Dabei wenn möglich nach 1–2 Stunden nochmals mit nassen Händen rundum falten.

FORMEN UND TOPPING Den Teig auf eine leicht bemehlte Unterlage geben und mit der Teigkarte von allen vier Seiten einmal nach innen falten. Danach vorsichtig ohne viel Druck langwirken. Mit dem Schluss nach unten in die gefettete Kastenform geben. Für das Topping die Oberfläche mit Wasser besprühen und mit den Saaten bestreuen. Nochmals mit Wasser besprühen und abdecken.

STÜCKGARE Den Teig abgedeckt 3–4 Stunden bei Raumtemperatur gehen lassen.

BACKEN Den Backofen auf 250 °C (Ober- und Unterhitze)vorheizen. Ein Backblech (oder Backstahl) mit aufheizen. Den Teigling einschneiden, in der Form einschießen und den Backofen schwaden. Nach 10 Minuten den Dampf ablassen und den Backofen auf 200 °C herunterschalten. Das Brot weitere 40–45 Minuten backen.

Tipp: Den Teigling am besten mit einem eingeölten Messer einschneiden, da der Teig nach der Stückgare sehr weich ist.

ZWIEBEL-FOCACCIA

Dieses Focaccia-Brot mit gerösteten Zwiebeln und italienischen Kräutern ist ein sehr köstliches Beilagenbrot für alle Gelegenheiten. Sie können die Zwiebeln selbst rösten oder fertige Röstzwiebeln verwenden.

Stockgare: 10–12 Stunden
Stückgare: 1,5 Stunden
Backzeit: 25 Minuten

FÜR 2 STÜCK

- 300 g Tipo 0 (oder Weizenmehl 550, T55, T65)
- 200 g Manitobamehl (oder Weizenmehl 550, Tipo 0, T55, T65)
- 380 g Wasser
- 5 g frische Hefe
- 1 TL getrocknete italienische Kräuter (Rosmarin, Thymian, Basilikum, Oregano)
- 12 g Salz
- 25 g Olivenöl

Röstzwiebeln

- 2 große Zwiebeln (oder 50 g Röstzwiebeln)
- 5 g Olivenöl

Belag

- Olivenöl
- ½ TL grobes Salz
- 1 TL frisch gehackte italienische Kräuter (Rosmarin, Thymian, Oregano)
- 1 TL Paprikapulver
- 1 TL schwarzer Sesam
- 50 g Pecorino (oder Parmesan), gerieben

VORBEREITUNG Für die Röstzwiebeln die Zwiebeln schälen, halbieren und in feine Ringe schneiden. In einer Pfanne im Olivenöl andünsten, bis sie bräunen. Abkühlen lassen.

MISCHEN Wasser, Hefe, Kräuter, Salz, Olivenöl und Röstzwiebeln in eine Schüssel geben und mit dem Schneebesen glatt rühren. Das gesamte Mehl zufügen und mit einem Dänischen Schneebesen oder Kochlöffel unterrühren, bis keine Mehlnester mehr zu sehen sind. Den Teig dann am besten direkt neben dem Spülbecken bei laufendem Wasser mit nassen Händen rundum falten.

STOCKGARE Den Teig abgedeckt 10–12 Stunden bei Raumtemperatur gehen lassen. Dabei wenn möglich nach 1–2 Stunden nochmals mit nassen Händen rundum falten.

FORMEN Den Teig auf eine leicht bemehlte Unterlage geben und mit der Teigkarte von allen vier Seiten einmal nach innen falten. Den Teig danach halbieren und jede Hälfte zu einem länglichen Teigling drücken und ziehen. Auf Backpapier setzen, mit etwas Olivenöl beträufeln und mit den Fingern noch etwas länglicher drücken.

STÜCKGARE UND BELAG Die Teiglinge abgedeckt 1,5 Stunden bei Raumtemperatur gehen lassen. Dabei nach 1 Stunde nochmals mit eingeölten Fingern mehrmals eindrücken. Für den Belag Salz, Kräuter, Paprikapulver, Sesam und Pecorino mischen und auf die Teiglinge streuen.

BACKEN Den Backofen auf 250 °C (Ober- und Unterhitze) vorheizen. Ein Backblech (oder Backstahl) mit aufheizen. Die Teiglinge mit dem Backpapier bzw. der Backfolie einschießen und den Backofen schwaden. Nach 10 Minuten den Dampf ablassen und den Backofen auf 200 °C herunterschalten. Die Brote weitere 15 Minuten backen.

HOPFEN-KRÜSTCHEN

Bier gibt diesem schlichten Mischbrot einen fein-würzigen Geschmack und macht es zu einer echten Köstlichkeit. Zudem entwickelt der Teig durch die Kohlensäure mehr Triebkraft. Probieren Sie auch Weizenbier, Malzbier oder dunkles Starkbier für ein immer neues Aroma.

Stockgare: 10–12 Stunden
Stückgare: 60–90 Minuten
Backzeit: 45–50 Minuten

FÜR 1 BROT (ca. 800 g)

300 g Weizenmehl 1050
100 g Dinkelmehl 1050
100 g Roggenmehl 1150
200 g Bier (Sorte nach Belieben)
170 g Wasser
3 g frische Hefe
1 TL Zuckerrübensirup
12 g Salz

MISCHEN Bier, Wasser, Hefe, Rübensirup und Salz in eine Schüssel geben und mit dem Schneebesen glatt rühren. Das gesamte Mehl zufügen und mit einem Dänischen Schneebesen oder Kochlöffel unterrühren, bis keine Mehlnester mehr zu sehen sind. Den Teig dann am besten direkt neben dem Spülbecken bei laufendem Wasser mit nassen Händen rundum falten.

STOCKGARE Den Teig abgedeckt 10–12 Stunden bei Raumtemperatur gehen lassen. Dabei wenn möglich nach 1–2 Stunden nochmals mit nassen Händen rundum falten.

FORMEN Den Teig auf eine leicht bemehlte Unterlage geben und mit der Teigkarte von allen vier Seiten einmal nach innen falten. Danach vorsichtig ohne viel Druck rund- oder langwirken. Mit dem Schluss nach oben in einen bemehlten Gärkorb geben.

STÜCKGARE Den Teig abgedeckt 60–90 Minuten bei Raumtemperatur gehen lassen.

BACKEN Den Backofen auf 250 °C (Ober- und Unterhitze)vorheizen. Ein Backblech (oder Backstahl) mit aufheizen. Den Teigling vorsichtig auf Backpapier oder Backfolie stürzen und einschneiden. Einschießen und den Backofen schwaden. Nach 10 Minuten den Dampf ablassen und den Backofen auf 200 °C herunterschalten. Das Brot weitere 35–40 Minuten backen.

Tipp: Achten Sie beim Mischen auf die Reihenfolge. Zuerst die Walnüsse unterrühren, dann das Mehl, sonst klebt es an den Nüssen fest.

ROTE-BETE-WALNUSS-BROT

Die Kombination aus Rotkornweizen, Rote-Bete-Saft, Schmand und Walnüssen macht dieses Brot zu einem besonderen Genuss – sowohl für den Gaumen als auch fürs Auge.

Stockgare: 10–12 Stunden
Stückgare: 1,5–2 Stunden
Backzeit: 45–50 Minuten

FÜR 1 BROT (ca. 950 g ODER 2 KLEINE BROTE à 475 g)

250 g Rotkornweizen-Vollkornmehl (oder Weizen-Vollkornmehl)
250 g Weizenmehl 550
100 g Walnusskerne
325 g Rote-Bete-Saft
140 g Schmand
3 g frische Hefe
1 TL Zuckerrübensirup
12 g Salz

Zum Einstreichen
Milch

MISCHEN Rote-Bete-Saft, Schmand, Hefe, Rübensirup und Salz in eine Schüssel geben und mit dem Schneebesen glatt rühren. Zuerst die Walnüsse einrühren, dann das gesamte Mehl zufügen und mit einem Dänischen Schneebesen oder Kochlöffel unterrühren, bis keine Mehlnester mehr zu sehen sind. Den Teig dann am besten direkt neben dem Spülbecken bei laufendem Wasser mit nassen Händen rundum falten.

STOCKGARE Den Teig abgedeckt 10–12 Stunden bei Raumtemperatur gehen lassen. Dabei wenn möglich nach 1–2 Stunden nochmals mit nassen Händen rundum falten.

FORMEN Den Teig auf eine leicht bemehlte Unterlage geben und mit der Teigkarte von allen vier Seiten einmal nach innen falten (für 2 kleine Brote den Teig danach halbieren). Den Teig rundwirken, dann drei Seiten des Teiglings nach innen falten, sodass ein Dreieck entsteht. Den Teigling umdrehen und auf Backpapier oder Backfolie legen.

STÜCKGARE Den Teigling abgedeckt 1,5–2 Stunden bei Raumtemperatur gehen lassen.

BACKEN Den Backofen auf 250 °C (Ober- und Unterhitze) vorheizen. Ein Backblech (oder Backstahl) mit aufheizen. Den Teigling mit Milch bestreichen und einschneiden. Mit dem Backpapier bzw. der Backfolie einschießen und den Backofen schwaden. Nach 10 Minuten den Dampf ablassen und den Backofen auf 200 °C herunterschalten. Das Brot weitere 35–40 Minuten (kleine Brote 25–30 Minuten) backen.

ODENWÄLDER LANDKRUSTE

Ob zum Frühstück, zur Suppe, zum Salat oder zum Abendessen – dieses Mischbrot ist ein ideales Alltagsbrot und passt zu jeder Mahlzeit. Die Milch können Sie durch einen beliebigen Pflanzendrink ersetzen.

Stockgare: 10–12 Stunden
Stückgare: 60–75 Minuten
Backzeit: 45–50 Minuten

FÜR 1 BROT (ca. 800 g)

400 g Weizenmehl 1050
100 g Roggenmehl 1370
230 g Wasser
140 g Milch
3 g frische Hefe
1 TL Zuckerrübensirup
12 g Salz

MISCHEN Wasser, Milch, Hefe, Rübensirup und Salz in eine Schüssel geben und mit dem Schneebesen glatt rühren. Das gesamte Mehl zufügen und mit einem Dänischen Schneebesen oder Kochlöffel unterrühren, bis keine Mehlnester mehr zu sehen sind. Den Teig dann am besten direkt neben dem Spülbecken bei laufendem Wasser mit nassen Händen rundum falten.

STOCKGARE Den Teig abgedeckt 10–12 Stunden bei Raumtemperatur gehen lassen. Dabei wenn möglich nach 1–2 Stunden nochmals mit nassen Händen rundum falten.

FORMEN Den Teig auf eine leicht bemehlte Unterlage geben und mit der Teigkarte von allen vier Seiten einmal nach innen falten. Danach rund- oder langwirken und mit dem Schluss nach oben in einen bemehlten Gärkorb legen.

STÜCKGARE Den Teig abgedeckt 60–75 Minuten bei Raumtemperatur gehen lassen.

BACKEN Den Backofen auf 250 °C (Ober- und Unterhitze) vorheizen. Ein Backblech (oder Backstahl) mit aufheizen. Den Teigling vorsichtig auf Backpapier oder Backfolie stürzen und einschneiden. Einschießen und den Backofen schwaden. Nach 10 Minuten den Dampf ablassen und den Backofen auf 200 °C herunterschalten. Das Brot weitere 35–40 Minuten backen.

WEIZEN-MALZI

Malzbier gibt diesem einfachen Mischbrot seinen leicht malzigen Geschmack und macht es schön fluffig. Das Brot mit einem Vollkornanteil von 40 % passt zu süßen wie auch zu herzhaften Belägen.

Stockgare: 10–12 Stunden
Stückgare: 45–60 Minuten
Backzeit: 45–50 Minuten

FÜR 1 BROT (ca. 800 g)

250 g Weizenmehl 550
200 g Weizen-Vollkornmehl
50 g Roggenmehl 1150
250 g Malzbier
120 g Wasser
3 g frische Hefe
12 g Salz

MISCHEN Bier, Wasser, Hefe und Salz in eine Schüssel geben und mit dem Schneebesen glatt rühren. Das gesamte Mehl zufügen und mit einem Dänischen Schneebesen oder Kochlöffel unterrühren, bis keine Mehlnester mehr zu sehen sind. Den Teig dann am besten direkt neben dem Spülbecken bei laufendem Wasser mit nassen Händen rundum falten.

STOCKGARE Den Teig abgedeckt 10–12 Stunden bei Raumtemperatur gehen lassen. Dabei wenn möglich nach 1–2 Stunden nochmals mit nassen Händen rundum falten.

FORMEN Den Teig auf eine leicht bemehlte Unterlage geben und mit der Teigkarte von allen vier Seiten einmal nach innen falten. Danach rund- oder langwirken und mit dem Schluss nach oben in einen bemehlten Gärkorb legen.

STÜCKGARE Den Teig abgedeckt 45–60 Minuten bei Raumtemperatur gehen lassen.

BACKEN Den Backofen auf 250 °C (Ober- und Unterhitze) vorheizen. Ein Backblech (oder Backstahl) mit aufheizen. Den Teigling vorsichtig auf Backpapier oder Backfolie stürzen und einschneiden. Einschießen und den Backofen schwaden. Nach 10 Minuten den Dampf ablassen und den Backofen auf 200 °C herunterschalten. Das Brot weitere 35–40 Minuten backen.

SEMOLINA

Semola, der doppelt gemahlene Hartweizengrieß, wird in Italien vor allem in der Nudelproduktion verwendet. Er eignet sich aber auch wunderbar zum Backen von Brot und verleiht der Krume eine schöne gelbe Farbe.

Stockgare: 10–12 Stunden
Stückgare: 60–90 Minuten
Backzeit: 45–50 Minuten

FÜR 1 BROT (ca. 800 g)

250 g Semola Rimacinata (oder Hartweizengrieß)
250 g Weizenmehl 550
360 g Wasser
3 g frische Hefe
1 TL Honig
12 g Salz
15 g Olivenöl

MISCHEN Wasser, Hefe, Honig, Salz und Olivenöl in eine Schüssel geben und mit dem Schneebesen glatt rühren. Das gesamte Mehl zufügen und mit einem Dänischen Schneebesen oder Kochlöffel unterrühren, bis keine Mehlnester mehr zu sehen sind. Den Teig dann am besten direkt neben dem Spülbecken bei laufendem Wasser mit nassen Händen rundum falten.

STOCKGARE Den Teig abgedeckt 10–12 Stunden bei Raumtemperatur gehen lassen. Dabei wenn möglich nach 1–2 Stunden nochmals mit nassen Händen rundum falten.

FORMEN Den Teig auf eine leicht bemehlte Unterlage geben und mit der Teigkarte von allen vier Seiten einmal nach innen falten. Ohne viel Druck rundwirken und etwas flach drücken. Dann drei Seiten des Teiglings nach innen falten, sodass ein Dreieck entsteht. Den Teigling umdrehen und auf Backpapier oder Backfolie setzen.

STÜCKGARE Den Teigling abgedeckt 60–90 Minuten bei Raumtemperatur gehen lassen.

BACKEN Den Backofen auf 250 °C (Ober- und Unterhitze) vorheizen. Ein Backblech (oder Backstahl) mit aufheizen. Den Teigling einschneiden, mit dem Backpapier bzw. der Backfolie einschießen und den Backofen schwaden. Nach 10 Minuten den Dampf ablassen und den Backofen auf 200 °C herunterschalten. Das Brot weitere 35–40 Minuten backen.

BREAD

ROTKORN-KISSEN

Rotkornweizen zählt zu den Urkornsorten und hat eine leicht rötlich-braune Färbung. Er schmeckt dezent nussig und etwas kräftiger als Weizen. Damit bringt er ein tolles Aroma in Brot- und Brötchenteige.

Stockgare: 10–12 Stunden
Stückgare: 30–45 Minuten
Backzeit: 15–17 Minuten

FÜR 12 STÜCK

- 250 g Rotkorn-Vollkornmehl (oder Weizen-Vollkornmehl)
- 250 g Dinkelmehl 630
- 40 g geschrotete Leinsamen
- 410 g Wasser
- 3 g frische Hefe
- 1 TL Zuckerrübensirup
- 12 g Salz
- 20 g Sonnenblumenöl (oder anderes Öl)

MISCHEN Leinsamen, Wasser, Hefe, Rübensirup, Salz und Öl in eine Schüssel geben und mit dem Schneebesen glatt rühren. Das gesamte Mehl zufügen und mit einem Dänischen Schneebesen oder Kochlöffel unterrühren, bis keine Mehlnester mehr zu sehen sind. Den Teig dann am besten direkt neben dem Spülbecken bei laufendem Wasser mit nassen Händen rundum falten.

STOCKGARE Den Teig abgedeckt 10–12 Stunden bei Raumtemperatur gehen lassen. Dabei wenn möglich nach 1–2 Stunden nochmals mit nassen Händen rundum falten.

FORMEN Den Teig auf eine bemehlte Arbeitsfläche geben und mit einer Teigkarte einmal von oben nach unten und einmal von rechts nach links falten. Die Oberfläche bemehlen und den Teig zu einem Rechteck (ca. 30 × 20 cm) drücken und ziehen. Mit einer großen Teigkarte rechteckige Teiglinge abstechen und auf Backpapier oder Backfolie setzen.

STÜCKGARE Die Teiglinge abgedeckt 30–45 Minuten bei Raumtemperatur gehen lassen.

BACKEN Den Backofen auf 250 °C (Ober- und Unterhitze) vorheizen. Ein Backblech (oder Backstahl) mit aufheizen. Die Teiglinge mit dem Backpapier bzw. der Backfolie einschießen und den Backofen schwaden. Nach 10 Minuten den Dampf ablassen und den Backofen auf 220 °C herunterschalten. Die Teiglinge weitere 5–7 Minuten backen. Dabei die Ofentür in der letzten Minute einen Spaltbreit öffnen, damit der Dampf abziehen kann.

KÜRBIS-CASHEWKERN-KRUSTE

Butternut-Kürbis, Cashew- und Kürbiskerne sowie Gelbweizenmehl machen dieses Brot nicht nur vom Geschmack her zu einer ausgefallenen Köstlichkeit. Sie geben auch der Krume eine wunderbare Farbe. Noch intensiver wird der Geschmack, wenn Sie Cashew- und Kürbiskerne vorher rösten. Statt mit Butternut gelingt das Brot auch mit Hokkaido-Kürbis.

Stockgare: 10–12 Stunden
Stückgare: 30–60 Minuten
Backzeit: 45–50 Minuten

FÜR 1 BROT (ca. 950 g)

200 g Gelbweizen-Vollkornmehl (oder Weizen-Vollkornmehl)
200 g Gelbweizenmehl 550 (oder Weizenmehl 550)
100 g Cashewkerne (oder andere Nüsse)
60 g Kürbiskerne
250 g Butternut-Kürbis-Fruchtfleisch (oder Hokkaido-Kürbis-Fruchtfleisch)
280 g Wasser
3 g frische Hefe
1 TL Honig
12 g Salz
15 g Kürbiskernöl (oder anderes Öl)

VORBEREITUNG Cashew- und Kürbiskerne in einer beschichteten Pfanne trocken rösten und abkühlen lassen. Das Kürbisfruchtfleisch fein bis mittelgrob raspeln.

MISCHEN Kürbisraspel, Wasser, Hefe, Honig, Salz und Öl in eine Schüssel geben und mit dem Schneebesen glatt rühren. Cashew- und Kürbiskerne unterrühren. Das gesamte Mehl zufügen und mit einem Dänischen Schneebesen oder Kochlöffel unterrühren, bis keine Mehlnester mehr zu sehen sind. Den Teig dann am besten direkt neben dem Spülbecken bei laufendem Wasser mit nassen Händen rundum falten.

STOCKGARE Den Teig abgedeckt 10–12 Stunden bei Raumtemperatur gehen lassen. Dabei wenn möglich nach 1–2 Stunden nochmals mit nassen Händen rundum falten.

FORMEN Den Teig auf eine leicht bemehlte Unterlage geben und mit der Teigkarte von allen vier Seiten einmal nach innen falten. Danach rund- oder langwirken und mit dem Schluss nach oben in einen bemehlten Gärkorb legen.

STÜCKGARE Den Teig abgedeckt 30–60 Minuten bei Raumtemperatur gehen lassen.

BACKEN Den Backofen auf 250 °C (Ober- und Unterhitze) vorheizen. Ein Backblech (oder Backstahl) mit aufheizen. Den Teigling vorsichtig auf Backpapier oder Backfolie stürzen und einschneiden. Einschießen und den Backofen schwaden. Nach 10 Minuten den Dampf ablassen und den Backofen auf 200 °C herunterschalten. Das Brot weitere 35–40 Minuten backen.

BROT
LIEBE

NO-KNEAD-BROTE UND -BRÖTCHEN MIT SAUERTEIG

ANSETZEN UND WEITERFÜHREN VON SAUERTEIG

DER EIGENE SAUERTEIG

SAUERTEIG NACH dem Füttern und Aufgehen.

Eigener Sauerteig ist eine große Bereicherung für das Backen von Broten, Brötchen, süßem und herzhaftem Gebäck. Er versäuert nicht nur den Teig, sondern gibt ihm auch zusätzliche Triebkraft und Aroma.

Der Teil vom fertig angesetzten Sauerteig, der als Grundlage für neue Sauerteige in den Kühlschrank kommt, heißt Anstellgut (abgekürzt ASG). Anstellgut wird zum Sauerteig, indem man etwas davon abnimmt, mit Mehl und Wasser vermischt und eine bestimmte Zeit stehen lässt.

Zum Ansetzen und Weiterführen von Sauerteig eignen sich am besten Einmachgläser mit Glasdeckel. Sie sind einfach zu reinigen, können im Kühlschrank gestapelt werden, und man sieht sehr gut, wann die Teige reif sind.

Zum Ansetzen eines Sauerteiges verwenden Sie am besten die Mehlsorte, die Sie auch beim Backen bevorzugen. Das kann neben Roggenmehl auch Weizen- oder Dinkelmehl oder eine Urkornsorte sein. Auszugsmehle eignen sich zwar auch, doch bevorzuge ich frisch gemahlene Vollkornmehle, da Sauerteige damit am triebstärksten sind. Ein Sauerteig kann rein angesetzt werden, also mit einer Mehlsorte, oder auch als Misch-Sauerteig mit zwei Mehlsorten. Beim Misch-Sauerteig verwendet man in der Regel eine Roggen- und eine Weizen- oder Dinkelsorte. Mit allen Sauerteigen kann man jeden beliebigen Brotteig ansetzen. Man kann z. B. einen Weizensauerteig für das Ansetzen eines Roggenbrotes verwenden oder umgekehrt. Bei allen Rezepten in diesem Buch kann Sauerteig durch Lievito Madre ersetzt werden.

ANSETZEN VON SAUERTEIG

Einen Sauerteig anzusetzen ist ganz einfach und dauert etwa 7 Tage.

AM ERSTEN TAG 50 g Mehl mit 50 g Wasser verrühren. Diese Mischung nach 12 Stunden erneut umrühren und abgedeckt 24 Stunden ruhen lassen.

VOM 2. BIS 7. TAG Jeweils 50 g vom Vortag abnehmen und mit einem Schneebesen in 50 g Wasser auflösen. Dann 50 g Mehl untermischen und den Teig wieder 24 Stunden ruhen lassen.

NACH 7 TAGEN Der Sauerteig sollte sich nach dem Füttern in 4–8 Stunden verdoppeln. Dann ist das Anstellgut fertig und kann kühl gestellt werden.

PFLEGE VON SAUERTEIG

Mit der richtigen Pflege bleibt Ihnen Ihr Anstellgut lebenslang erhalten. Das Anstellgut im Kühlschrank sollte alle 7–14 Tage gefüttert bzw. aufgefrischt werden, damit es nicht verhungert. Am besten eignet sich dafür frisch gemahlenes Vollkornmehl. Bleiben Sie hier bei der Mehlsorte, mit der der Sauerteig auch angesetzt wurde.

VOR ALLEM roggenlastige Brotteige profitieren von Sauerteig.

Damit der Sauerteig dauerhaft triebstark bleibt, wird im Verhältnis 1 Teil Anstellgut, 1 Teil Wasser und 1 Teil Mehl gefüttert. Die Wasser- und Mehlmenge kann jederzeit erhöht werden, wenn Sie einmal mehr benötigen. Nach dem Füttern sollte sich das Anstellgut immer erst verdoppeln, bevor es wieder gekühlt wird.

VERWENDUNG VON ANSTELLGUT

Bei allen Rezepten in diesem Buch kann das Anstellgut direkt aus dem Kühlschrank verwendet werden, da sie alle eine lange Teiggare haben. Ansonsten wird ein Vorteig angesetzt, der aus 2–6 % Anstellgut, 20–30 % Wasser und 20–30 % Mehl besteht (immer ausgehend von der Mehlmenge).
Beispiel: Bei 500 g Mehl werden also 10–30 g Anstellgut, 100–150 g Wasser und die gleiche Menge Mehl verwendet. Dieser Teig bleibt stehen, bis er reif ist. Das können je nach Raumtemperatur und Triebkraft 3–12 Stunden sein.

Möchten Sie Ihr Brot richtig versäuert haben, lassen Sie den Vorteig bzw. das aufgefrischte Anstellgut und den Hauptteig bei Raumtemperatur gehen. Mögen Sie es eher mild, lassen Sie das aufgefrischte Anstellgut bzw. den Vorteig warm (28–32 °C) gehen. Das verkürzt die Gehzeit und macht den Teig milder.

Für reine Sauerteigbrote ohne andere Triebmittel sollte das Anstellgut mindestens zwei- bis dreimal aufgefrischt werden (Zwei- bis Drei-Stufen-Führung), damit es genug Triebkraft hat.

NOTFALLHILFE FÜR IHREN SAUERTEIG

IM ANSTELLGUT REGT SICH NICHTS MEHR, ES GEHT NACH DEM FÜTTERN NICHT MEHR AUF Nehmen Sie 50 g vom Anstellgut ab und schlagen Sie diese mit 50 g lauwarmem Wasser und einem Handrührgerät auf, bis sich das Anstellgut aufgelöst hat. Dann 50 g Mehl untermischen und den Teig abgedeckt möglichst warm (28–32 °C) gehen lassen. Eventuell noch ein- bis zweimal wiederholen.

DAS ANSTELLGUT RIECHT NACH NAGELLACKENTFERNER UND AUF DER OBERFLÄCHE HAT SICH BRAUNES WASSER ABGESETZT Ihr Anstellgut hat Hunger und möchte gefüttert werden. Das braune Wasser („Fusel") kann mit untergerührt werden.

IHR ANSTELLGUT ODER DER SAUERTEIG RIECHEN IMMER SEHR SAUER, UND DIE BROTE SCHMECKEN EBENFALLS SEHR SÄUERLICH Füttern Sie Ihren Sauerteig wie gewohnt und stellen Sie Ihn zum Gehen warm (28–32 °C). So wird er milder. Er benötigt dann je nach Triebkraft 3–6 Stunden, bis er fertig ist.

SIE HABEN GROSSE MENGEN ANSTELLGUT IM KÜHLSCHRANK, DA SIE NICHT SO OFT BACKEN Dafür gibt es Auffrischrezepte, bei denen größere Mengen direkt aus dem Kühlschrank verwendet werden können. Außerdem können Sie 1–2 EL als eine Art Aromateig zu jedem beliebigen Brotteig geben.

SIE ERKENNEN NICHT, WANN IHR SAUERTEIG REIF IST Nehmen Sie vom Sauerteig 1 TL ab und geben Sie ihn in ein Glas mit Wasser. Sinkt er ab, ist er noch nicht reif, schwimmt er, ist er reif.

DAS ANSTELLGUT HAT EINE GRAU-SCHWARZE SCHICHT ODER WEISSE PUNKTE AN DER OBERFLÄCHE Das kommt meist vor, wenn das Anstellgut länger nicht gefüttert wurde. In den meisten Fällen handelt es sich dabei jedoch nicht um Schimmel, sondern um völlig harmlose Kahmhefen. Sie zeigen lediglich an, dass der Sauerteig gefüttert werden möchte. Schimmel dagegen ist in der Regel grünlich und hat einen leicht haarigen Pelz.

RUSTIKALE CIABATTA-BRÖTCHEN

Diese Ciabatta-Brötchen bekommen durch etwas Altbrot ein rustikales Aussehen und ein tolles Aroma. Die Brötchen sind ideal für Backeinsteiger, denn der Teig ist ziemlich weich und wird nur mit einer Teigkarte abgestochen.

Stockgare: 10–12 Stunden
Backzeit: 15–17 Minuten

FÜR 8–12 STÜCK

450 g Weizenmehl Tipo 0 (oder Manitobamehl, oder Weizenmehl 550 und eventuell etwas weniger Wasser)
50 g Roggenmehl 1150
50 g Altbrot, geröstet und gemahlen
480 g Wasser
3 g frische Hefe
10 g Sauerteig-Anstellgut aus dem Kühlschrank
1 TL Zuckerrübensirup
12 g Salz
20 g Olivenöl

MISCHEN Altbrot, Wasser, Hefe, Anstellgut, Rübensirup, Salz und Olivenöl in eine Schüssel geben und mit dem Schneebesen glatt rühren. Das gesamte Mehl zufügen und mit einem Dänischen Schneebesen oder Kochlöffel unterrühren, bis keine Mehlnester mehr zu sehen sind. Den Teig dann am besten direkt neben dem Spülbecken bei laufendem Wasser mit nassen Händen rundum falten.

STOCKGARE Den Teig abgedeckt 10–12 Stunden bei Raumtemperatur gehen lassen. Dabei wenn möglich nach 1–2 Stunden nochmals mit nassen Händen rundum falten.

FORMEN Den Teig auf eine leicht bemehlte Unterlage geben und mit der Teigkarte von allen vier Seiten einmal nach innen falten. Zu einem Rechteck (ca. 40 × 15 cm) ziehen und drücken. Das Rechteck bemehlen und mit einer großen Teigkarte einmal längs in der Mitte halbieren. Dann von beiden Längsseiten her Rechtecke abstechen und auf Backpapier oder Backfolie legen.

STÜCKGARE Der Teig kann direkt nach dem Abstechen ohne weitere Stückgare eingeschossen werden.

BACKEN Den Backofen auf 250 °C (Ober- und Unterhitze) vorheizen. Ein Backblech (oder Backstahl) mit aufheizen. Die Teiglinge mit dem Backpapier bzw. der Backfolie einschießen und den Backofen schwaden. Nach 10 Minuten den Dampf ablassen und den Backofen auf 220 °C herunterschalten. Die Brötchen weitere 5–7 Minuten backen. Dabei die Ofentür in der letzten Minute einen Spaltbreit öffnen, damit der Dampf abzieht.

SESAM-BIER-KRUSTE

Gerösteter Sesam, Bier und Altbrot geben diesem Brot mit einem Vollkornanteil von 50 % einen fein-würzigen Geschmack. Es hält lange frisch und passt zu allem.

Stockgare: 10–12 Stunden
Stückgare: 2 Stunden
Backzeit: 45–50 Minuten

FÜR 1 BROT (ca. 1050 g)

- 250 g Waldstaudenroggen-Vollkornmehl (oder Roggen-Vollkornmehl)
- 250 g Weizenmehl 550
- 50 g Altbrot, geröstet und gemahlen
- 100 g Sesam (schwarz, hell oder gemischt), geröstet und abgekühlt
- 290 g Bier (Sorte nach Belieben)
- 210 g Wasser
- 10 g Sauerteig-Anstellgut aus dem Kühlschrank
- 3 g frische Hefe
- 2 TL Zuckerrübensirup
- 12 g Salz
- 20 g Sesamöl

MISCHEN Altbrot, Sesam, Bier, Wasser, Anstellgut, Hefe, Rübensirup, Salz und Öl in eine Schüssel geben und mit dem Schneebesen glatt rühren. Das gesamte Mehl zufügen und mit einem Dänischen Schneebesen oder Kochlöffel unterrühren, bis keine Mehlnester mehr zu sehen sind. Den Teig dann am besten direkt neben dem Spülbecken bei laufendem Wasser mit nassen Händen rundum falten.

STOCKGARE Den Teig abgedeckt 10–12 Stunden bei Raumtemperatur gehen lassen. Dabei wenn möglich nach 1–2 Stunden nochmals mit nassen Händen rundum falten.

FORMEN Den Teig auf eine leicht bemehlte Unterlage geben und mit der Teigkarte von allen vier Seiten einmal nach innen falten. Danach rund- oder langwirken und mit dem Schluss nach unten in einen bemehlten Gärkorb legen.

STÜCKGARE Den Teig abgedeckt 2 Stunden bei Raumtemperatur gehen lassen. Er ist reif, wenn sich an der Oberfläche Risse bilden.

BACKEN Den Backofen auf 250 °C (Ober- und Unterhitze) vorheizen. Ein Backblech (oder Backstahl) mit aufheizen. Den Teigling vorsichtig auf Backpapier oder Backfolie stürzen (nicht einschneiden, er reißt von alleine auf). Einschießen und den Backofen schwaden. Nach 10 Minuten den Dampf ablassen und den Backofen auf 200 °C herunterschalten. Das Brot weitere 35–40 Minuten backen.

SÜSSKARTOFFEL-ERDNUSS-KRUSTE

Süßkartoffeln können gekocht oder wie hier mittelfein gerieben zu Brotteigen gegeben werden. In Kombination mit gesalzenen Erdnüssen ergeben sie ein besonders schmackhaftes und saftiges Brot, das lange frisch hält und zu allem passt.

Stockgare: 10–12 Stunden
Stückgare: 60–90 Minuten
Backzeit: 45–50 Minuten

FÜR 1 BROT (ca. 1050 g)

200 g Dinkel-Vollkornmehl
250 g Dinkelmehl 630
100 g gesalzene Erdnusskerne
1 Süßkartoffel (ca. 300 g)
370 g Wasser
10 g Sauerteig-Anstellgut aus dem Kühlschrank
3 g frische Hefe
8 g Salz

VORBEREITUNG Die Süßkartoffel schälen und mittelfein reiben.

MISCHEN Geriebene Süßkartoffel, Wasser, Anstellgut, Hefe und Salz in eine Schüssel geben und mit dem Schneebesen glatt rühren. Die Erdnüsse untermischen. Das gesamte Mehl zufügen und mit einem Dänischen Schneebesen oder Kochlöffel unterrühren, bis keine Mehlnester mehr zu sehen sind. Den Teig dann am besten direkt neben dem Spülbecken bei laufendem Wasser mit nassen Händen rundum falten.

STOCKGARE Den Teig abgedeckt 10–12 Stunden bei Raumtemperatur gehen lassen. Dabei wenn möglich nach 1–2 Stunden nochmals mit nassen Händen rundum falten.

FORMEN Den Teig auf eine leicht bemehlte Unterlage geben und mit der Teigkarte von allen vier Seiten einmal nach innen falten. Danach lang- oder rundwirken und mit dem Schluss nach oben in einen Gärkorb legen.

STÜCKGARE Den Teig abgedeckt 60–90 Minuten bei Raumtemperatur gehen lassen.

BACKEN Den Backofen auf 250 °C (Ober- und Unterhitze) vorheizen. Ein Backblech (oder Backstahl) mit aufheizen. Den Teigling vorsichtig auf Backpapier oder Backfolie stürzen und einschneiden. Einschießen und den Backofen schwaden. Nach 10 Minuten den Dampf ablassen und den Backofen auf 200 °C herunterschalten. Das Brot weitere 35–40 Minuten backen.

BAUERN-WEISSBROT

Dieses Weißbrot mit Milch und Anstellgut ist ein feines Frühstücksbrot, das zu allen Belägen passt. Zur Abwechslung können Sie den Teig auch mal halbieren und zwei kleinere Beilagenbrote backen (siehe Tipp).

Stockgare: 10–12 Stunden
Stückgare: 60–90 Minuten
Backzeit: 45–50 Minuten

FÜR 1 BROT (ca. 800 g)

450 g Weizenmehl 550
50 g Roggenmehl 1150
200 g Milch
160 g Wasser
20 g Sauerteig-Anstellgut aus dem Kühlschrank
3 g frische Hefe
1 TL Zuckerrübensirup
12 g Salz

MISCHEN Milch, Wasser, Anstellgut, Hefe, Rübensirup und Salz in eine Schüssel geben und mit dem Schneebesen glatt rühren. Das gesamte Mehl zufügen und mit einem Dänischen Schneebesen oder Kochlöffel unterrühren, bis keine Mehlnester mehr zu sehen sind. Den Teig dann am besten direkt neben dem Spülbecken bei laufendem Wasser mit nassen Händen rundum falten.

STOCKGARE Den Teig abgedeckt 10–12 Stunden bei Raumtemperatur gehen lassen. Dabei wenn möglich nach 1–2 Stunden nochmals mit nassen Händen rundum falten.

FORMEN Den Teig auf eine leicht bemehlte Unterlage geben und mit der Teigkarte von allen vier Seiten einmal nach innen falten. Danach vorsichtig ohne viel Druck rund- oder langwirken und mit dem Schluss nach oben in einen Gärkorb legen.

STÜCKGARE Den Teig abgedeckt 60–90 Minuten bei Raumtemperatur gehen lassen.

BACKEN Den Backofen auf 250 °C (Ober- und Unterhitze) vorheizen. Ein Backblech (oder Backstahl) mit aufheizen. Den Teigling vorsichtig auf Backpapier oder Backfolie stürzen und einschneiden. Einschießen und den Backofen schwaden. Nach 10 Minuten den Dampf ablassen und den Backofen auf 200 °C herunterschalten. Das Brot weitere 35–40 Minuten backen.

Tipp: Für Beilagenbrot den Teig halbieren und beide Teiglinge zu schmalen, länglichen Stangen formen. Wie beschrieben 20–25 Minuten backen.

Tipp:
Am besten wiegen Sie die Eier für dieses Rezept ab und füllen mit dem Wasser auf insgesamt 265 g auf.

BRÖGEL

Brögel sind eine Mischung aus Bagel und Brötchen. Durch das Vorgaren in Wasser werden sie schön fluffig und bekommen eine knusprige Kruste. Brögel sind leckere Frühstücksbrötchen, lassen sich aber auch prima als belegtes Pausenbrötchen oder für ein Picknick einpacken.

Stockgare: 10–12 Stunden
Stückgare: 30–35 Minuten
Backzeit: 17–18 Minuten

FÜR 9 STÜCK

350 g Weizenmehl 550
150 g Weizenmehl 1050
190 g Wasser
70 g Schmand
1 Ei (Gr. M, ca. 50 g)
1 Eigelb (Gr. M, ca. 25 g; Eiweiß zum Einstreichen verwenden)
10 g Sauerteig-Anstellgut aus dem Kühlschrank
3 g frische Hefe
1 TL Honig
10 g Salz
20 g flüssige Butter

Sud

3 l Wasser, 20 g Zucker, 1 TL Salz

Zum Einstreichen und Bestreuen

1 Eiweiß (Gr. M)
Sesam, gehackte Sonnenblumen- und Kürbiskerne

MISCHEN Wasser, Schmand, Ei, Eigelb, Anstellgut, Hefe, Honig, Salz und Butter in eine Schüssel geben und mit dem Schneebesen glatt rühren. Das gesamte Mehl zufügen und mit einem Dänischen Schneebesen oder Kochlöffel unterrühren, bis keine Mehlnester mehr zu sehen sind. Den Teig dann am besten direkt neben dem Spülbecken bei laufendem Wasser mit nassen Händen rundum falten.

STOCKGARE Den Teig abgedeckt 10–12 Stunden bei Raumtemperatur gehen lassen. Dabei wenn möglich nach 1–2 Stunden nochmals mit nassen Händen rundum falten.

FORMEN Den Teig auf eine leicht bemehlte Unterlage geben und mit der Teigkarte von allen vier Seiten einmal nach innen falten. Danach 9 Teiglinge (à 95–100 g) abstechen, rundwirken und 10 Minuten entspannen lassen. Dann nochmals straff rundwirken und mit dem Schluss nach unten auf Backpapier oder Backfolie legen.

STÜCKGARE UND SUD Die Teiglinge abgedeckt 30–35 Minuten bei Raumtemperatur gehen lassen. Für den Sud 10–15 Minuten vor Ende der Gehzeit Wasser, Zucker und Salz in einem Topf aufkochen. Vom Herd nehmen und abgedeckt ziehen lassen, bis die Stückgare beendet ist. Die Teiglinge nacheinander in den Sud legen und pro Seite 1 Minute schwimmen lassen. Herausnehmen und mit dem Schluss nach unten wieder auf das Backpapier legen.

BACKEN Den Backofen auf 250 °C (Ober- und Unterhitze) vorheizen. Ein Backblech (oder Backstahl) mit aufheizen. Zum Einstreichen das Eiweiß verquirlen. Die Teiglinge damit bestreichen und mit den Saaten bestreuen. Die Teiglinge einschneiden und mit dem Backpapier bzw. der Backfolie einschießen. Den Backofen schwaden und sofort auf 200 °C herunterschalten. Nach 10 Minuten den Dampf ablassen und die Brögel weitere 7–8 Minuten backen. Dabei die Ofentür in der letzten Minute einen Spaltbreit öffnen, damit der Dampf abzieht.

GOLDKRÜSTCHEN

Dieses Brot enthält zwei Sorten Leinsamen: geschrotete braune Leinsamen und ganze Gold-Leinsamen. Dadurch nimmt der Teig besonders viel Flüssigkeit auf, und die Krume wird schön saftig. Das Brot bleibt lange frisch und schmeckt zu allen Gelegenheiten.

Stockgare: 10–12 Stunden
Stückgare: 45–60 Minuten
Backzeit: 45–50 Minuten

FÜR 1 BROT (ca. 1000 g)

250 g Dinkel-Vollkornmehl
250 g Weizenmehl 1050
50 g Gold-Leinsamen
50 g geschrotete Leinsamen
430 g Wasser
10 g Sauerteig-Anstellgut aus dem Kühlschrank
3 g frische Hefe
12 g Salz
20 g Sesamöl (oder anderes Öl)

MISCHEN Beide Leinsamensorten, Wasser, Anstellgut, Hefe, Salz und Öl in eine Schüssel geben und mit dem Schneebesen glatt rühren. Das gesamte Mehl zufügen und mit einem Dänischen Schneebesen oder Kochlöffel unterrühren, bis keine Mehlnester mehr zu sehen sind. Den Teig dann am besten direkt neben dem Spülbecken bei laufendem Wasser mit nassen Händen rundum falten.

STOCKGARE Den Teig abgedeckt 10–12 Stunden bei Raumtemperatur gehen lassen. Dabei wenn möglich nach 1–2 Stunden nochmals mit nassen Händen rundum falten.

FORMEN Den Teig auf eine leicht bemehlte Unterlage geben und mit der Teigkarte von allen vier Seiten einmal nach innen falten. Danach rund- oder langwirken und mit dem Schluss nach oben in einen bemehlten Gärkorb legen.

STÜCKGARE Den Teig abgedeckt 45–60 Minuten bei Raumtemperatur gehen lassen.

BACKEN Den Backofen auf 250 °C (Ober- und Unterhitze) vorheizen. Ein Backblech (oder Backstahl) mit aufheizen. Den Teigling vorsichtig auf Backpapier oder Backfolie stürzen und einschneiden. Einschießen und den Backofen schwaden. Nach 10 Minuten den Dampf ablassen und den Backofen auf 200 °C herunterschalten. Das Brot weitere 35–40 Minuten backen.

KERNIGE ZUCCHINIKRUSTE

Geröstete Haferflocken und Sonnenblumenkerne bringen viel Aroma in den Teig. In Kombination mit geriebenen Zucchini machen sie das Brot wunderbar saftig. Die Zucchinikruste passt zu allem und hält sich lange frisch.

Stockgare: 10–12 Stunden
Stückgare: 45–60 Minuten
Backzeit: 45–50 Minuten

FÜR 1 BROT (ca. 1100 g)

300 g Weizenmehl 1050
100 g Rotkorn-Vollkornmehl (oder Weizen-Vollkornmehl)
100 g Waldstaudenroggen-Vollkornmehl (oder Roggen-Vollkornmehl)
100 g grobe Haferflocken
80 g Sonnenblumenkerne
200 g Zucchini
340 g Wasser
10 g Sauerteig-Anstellgut aus dem Kühlschrank
3 g frische Hefe
1 TL Zuckerrübensirup
14 g Salz
10 g Sonnenblumenöl

VORBEREITUNG Haferflocken und Sonnenblumenkerne in einer beschichteten Pfanne trocken anrösten und abkühlen lassen. Die Zucchini putzen, waschen und fein reiben.

MISCHEN Geröstete Flocken und Kerne, Zucchini, Wasser, Anstellgut, Hefe, Rübensirup, Salz und Öl in eine Schüssel geben. Mit dem Schneebesen glatt rühren. Das gesamte Mehl zufügen und mit einem Dänischen Schneebesen oder Kochlöffel unterrühren, bis keine Mehlnester mehr zu sehen sind. Den Teig dann am besten direkt neben dem Spülbecken bei laufendem Wasser mit nassen Händen rundum falten.

STOCKGARE Den Teig abgedeckt 10–12 Stunden bei Raumtemperatur gehen lassen. Dabei wenn möglich nach 1–2 Stunden nochmals mit nassen Händen rundum falten.

FORMEN Den Teig auf eine leicht bemehlte Unterlage geben und mit der Teigkarte von allen vier Seiten einmal nach innen falten. Danach lang- oder rundwirken und mit dem Schluss nach oben in einen bemehlten Gärkorb legen.

STÜCKGARE Den Teig abgedeckt 45–60 Minuten bei Raumtemperatur gehen lassen.

BACKEN Den Backofen auf 250 °C (Ober- und Unterhitze) vorheizen. Ein Backblech (oder Backstahl) mit aufheizen. Den Teigling vorsichtig auf Backpapier oder Backfolie stürzen und einschneiden. Einschießen und den Backofen schwaden. Nach 10 Minuten den Dampf ablassen und den Backofen auf 200 °C herunterschalten. Das Brot weitere 35–40 Minuten backen.

RUCH-WALNUSS-STANGEN

Diese aromatischen Stangen sind ein feines Beilagenbrot, das zum Grillen genauso gut passt wie auf ein Büfett. Die Teiglinge können auch zu Wurzeln geformt werden, was besonders Backeinsteigern oft besser gelingt.

Stockgare: 10–12 Stunden
Stückgare: 60–90 Minuten
Backzeit: 20–25 Minuten

FÜR 3 STÜCK

300 g Ruchmehl (oder Weizenmehl 1050)
200 g Weizenmehl 550
100 g Walnusskerne (nach Belieben grob gehackt)
370 g Wasser
10 g Sauerteig-Anstellgut aus dem Kühlschrank
3 g frische Hefe
30 g Ahornsirup
12 g Salz
25 g Walnussöl (oder anderes Öl)

MISCHEN Wasser, Anstellgut, Hefe, Ahornsirup, Salz und Walnussöl in eine Schüssel geben und mit dem Schneebesen glatt rühren. Zuerst die Walnüsse zufügen und untermischen. Danach das Mehl zufügen und mit einem Dänischen Schneebesen oder Kochlöffel unterrühren, bis keine Mehlnester mehr zu sehen sind. Den Teig dann am besten direkt neben dem Spülbecken bei laufendem Wasser mit nassen Händen rundum falten.

STOCKGARE Den Teig abgedeckt 10–12 Stunden bei Raumtemperatur gehen lassen. Dabei wenn möglich nach 1–2 Stunden nochmals mit nassen Händen rundum falten.

FORMEN Den Teig auf eine leicht bemehlte Unterlage geben und mit der Teigkarte von allen vier Seiten einmal nach innen falten. Vom Teig 3 Teiglinge (à 345–350 g) abstechen, jeweils zu einem Zylinder formen und 10 Minuten entspannen lassen. Danach zuerst die obere Hälfte zur Mitte hin falten, dann die untere Hälfte. Nun die obere Seite nach und nach zur unteren falten und etwas festdrücken. Mit möglichst wenig Mehl rundrollen und die Enden etwas spitzer rollen. Mit dem Schluss nach unten auf Backpapier oder Backfolie legen und mit Mehl bestäuben.

STÜCKGARE Die Teiglinge abgedeckt 60–90 Minuten bei Raumtemperatur gehen lassen.

BACKEN Den Backofen auf 250 °C (Ober- und Unterhitze) vorheizen. Ein Backblech (oder Backstahl) mit aufheizen. Die Teiglinge einschneiden. Mit dem Backpapier bzw. der Backfolie einschießen und den Backofen schwaden. Nach 10 Minuten den Dampf ablassen und den Backofen auf 220 °C herunterschalten. Die Stangen weitere 10–15 Minuten backen. Dabei die Ofentür in der letzten Minute einen Spaltbreit öffnen, damit der Dampf abzieht.

Brotbackliebe

DREIKORNKRUSTE MIT JOGHURT

Dieses einfache Mischbrot aus drei verschiedenen Mehlsorten bekommt durch etwas Joghurt und Altbrot einen leckeren und leicht rustikalen Geschmack. Es hält sich prima frisch.

Stockgare: 10–12 Stunden
Stückgare: 60–90 Minuten
Backzeit: 45–50 Minuten

FÜR 1 BROT (ca. 950 g)

- 200 g Weizen-Vollkornmehl
- 200 g Dinkelmehl 1050
- 100 g Roggenmehl 1370 (oder 1150)
- 40 g Altbrot, geröstet und gemahlen (oder Semmelbrösel)
- 350 g Wasser
- 160 g griechischer Joghurt (oder Sahnejoghurt)
- 10 g Sauerteig-Anstellgut aus dem Kühlschrank
- 3 g frische Hefe
- 1 TL Zuckerrübensirup
- 12 g Salz

Tipp: Sie müssen den Teig nicht unbedingt teilen. Daraus lässt sich auch einfach ein großer Teigling formen.

MISCHEN Altbrot, Wasser, Joghurt, Anstellgut, Hefe, Rübensirup und Salz in eine Schüssel geben und mit dem Schneebesen glatt rühren. Das gesamte Mehl zufügen und mit einem Dänischen Schneebesen oder Kochlöffel unterrühren, bis keine Mehlnester mehr zu sehen sind. Den Teig dann am besten direkt neben dem Spülbecken bei laufendem Wasser mit nassen Händen rundum falten.

STOCKGARE Den Teig abgedeckt 10–12 Stunden bei Raumtemperatur gehen lassen. Dabei wenn möglich nach 1–2 Stunden nochmals mit nassen Händen rundum falten.

FORMEN Den Teig auf eine leicht bemehlte Unterlage geben und mit der Teigkarte von allen vier Seiten einmal nach innen falten. Dann den Teig in 3 Teiglinge (à 360 g) teilen und jeden Teigling ohne viel Druck rundwirken. Die Teiglinge nebeneinander mit dem Schluss nach oben in einen bemehlten runden Gärkorb legen oder dicht nebeneinander auf Backpapier oder Backfolie setzen.

STÜCKGARE Den Teig abgedeckt 60–90 Minuten bei Raumtemperatur gehen lassen.

BACKEN Den Backofen auf 250 °C (Ober- und Unterhitze) vorheizen. Ein Backblech (oder Backstahl) mit aufheizen. Den Teigling vorsichtig auf Backpapier oder Backfolie stürzen und einschneiden. Einschießen und den Backofen schwaden. Nach 10 Minuten den Dampf ablassen und den Backofen auf 200 °C herunterschalten. Das Brot weitere 35–40 Minuten backen.

NO-KNEAD-BROTE UND -BRÖTCHEN

MIT LIEVITO MADRE

ANSETZEN UND WEITERFÜHREN VON LIEVITO MADRE

DER EIGENE ITALIENISCHE SAUERTEIG

Lievito Madre ist ein sehr milder, fest geführter Sauerteig, der seinen Ursprung in Italien hat. Es lohnt sich, ihn anzusetzen, da er sehr vielfältig einsetzbar ist und eine tolle Triebkraft besitzt. Er eignet sich für Brote und Brötchen, aber auch für süßes Gebäck, Kuchen und Pizza. Er kann bei allen Rezepten in diesem Buch als Sauerteigersatz verwendet werden.

Es gibt verschiedene Möglichkeiten, einen Lievito Madre anzusetzen. Ich zeige Ihnen hier die schnelle 5-Tages-Methode. Weitere Möglichkeiten finden Sie in meinem Blog www.brotbackliebeundmehr.com.

LIEVITO MADRE nach dem Füttern und Aufgehen.

ANSETZEN VON LIEVITO MADRE IN 5 TAGEN

Bei dieser Methode ist es wichtig, dass der Teig durchgehend warm steht, d. h. bei einer Temperatur von 26–32 °C. Manchmal hat der Backofen diese Temperatur, wenn man nur das Licht einschaltet. Ansonsten helfen ein paar warme Sonnentage und nachts kann man ihn in ein Handtuch mit einer Wärmeflasche einpacken. Der Sommer mit seinen manchmal heißen Tagen und schwülen Nächten eignet sich hervorragend oder man stellt ihn im Winter auf die warme Heizung. Eine weitere Möglichkeit ist eine Kühlbox mit einer großen Flasche heißem Wasser.

AM ERSTEN TAG 110 g Weizenmehl 550 mit 50 g Wasser, 1 TL Olivenöl und 1 TL Honig mischen. Den Teig zu einer Kugel formen und möglichst in ein hohes Glas legen (am besten ein Einmachglas mit Glasdeckel). Dann die Kuppel kreuzförmig einschneiden, den Deckel auflegen und den Teig 24 Stunden warm stellen.

VON 2. BIS 5. TAG Die Fütterung wie folgt wiederholen: 100 g Ansatz abnehmen und mit 50 g Wasser mit einem Pürierstab oder Handrührgerät aufschlagen. Wenn sich alles aufgelöst hat, 110 g Weizenmehl unterkneten. Den Teig wieder zu einer Kugel formen, in ein hohes Glas legen, einschneiden und abgedeckt warm gehen lassen.

AM 5. TAG Der Teig sollte sich nach dem Füttern in 4–6 Stunden mindestens verdoppeln. Ist das nicht der Fall, noch ein- bis zweimal wie zuvor füttern. Die Reste, die beim jeweiligen Füttern übrig bleiben, im Kühlschrank sammeln und nach und nach zu beliebigen Brotteigen geben. Jeweils bis zu 100 g und 1 Prise mehr Salz zufügen, ansonsten am Rezept nichts ändern. Der Teig hat noch nicht viel Triebkraft, man merkt aber bereits den Unterschied.

PFLEGE VON LIEVITO MADRE

Lievito wird am besten 4–12 Stunden vor der Verwendung gefüttert. Je nach Triebstärke und Temperatur ist er schneller fertig oder benötigt länger. Das Füttern bzw. Auffrischen macht man im Prinzip genau wie das Ansetzen. Es reicht, im Kühlschrank eine Menge von 100–200 g zu haben. Dieser Ansatz kann jederzeit mit einer großen Menge Mehl und Wasser gefüttert werden, wenn Sie mehr benötigen. Nach dem Verdoppeln oder Verdreifachen können Sie Ihren Lievito wieder in den Kühlschrank stellen. Gefüttert wird mit der Menge, die man für einen Teig benötigt.
Beispiel: Brauchen Sie 150 g, schlagen Sie 50 g von Ihrem Ansatz und 50 g Wasser mit dem Pürierstab oder Handrührgerät auf, bis sich alles aufgelöst hat. Dann kneten Sie 100–110 g Mehl unter, bis der Lievito fest und formbar ist. Am besten gelingt das übrigens in der Knetmaschine. Der Teig sollte sich von der Schüssel lösen, sodass kaum Rückstände bleiben. Am nächsten Tag können Sie dann den Brotteig in dieser Schüssel mischen. Der Lievito wird wieder zu einer Kugel geformt, in ein hohes Glas mit Deckel gegeben, eingeschnitten und abgedeckt.

Auch mit den Gehzeiten sind Sie flexibel. Geht der Lievito bei normaler Raumtemperatur, benötigt er in der Regel 4–12 Stunden, bis er sich verdoppelt oder sogar verdreifacht hat. Geht er bei 28–32 °C, schafft er das schon in 3–5 Stunden.

Am Anfang sollte der Lievito noch alle 7–14 Tage gefüttert werden. Später reichen auch alle 3 Wochen, falls Sie keinen benötigen oder in Urlaub fahren.

VERWENDUNG VON LIEVITO MADRE

Bei langer Gare (mehr als 7–8 Stunden) kann Lievito Madre direkt aus dem Kühlschrank ohne Auffrischen verwendet werden. Ansonsten sollte er immer vorher aufgefrischt werden. Er kann danach noch bis zu 24 Stunden im Kühlschrank stehen, bevor er verwendet wird.

ALLEINIGES TRIEBMITTEL Wird Lievito Madre ohne andere Triebmittel verwendet, füttern Sie ihn am besten zweimal. Sie füttern ihn also, lassen ihn stehen, bis er sich mindestens verdoppelt hat, und füttern ihn dann noch einmal. Nach der zweiten Verdopplung ist er einsatzbereit. Sie benötigen 20–40 % der Mehlmenge, bei 500 g Mehl also 100–200 g Lievito Madre.

ZUSÄTZLICHES TRIEBMITTEL Lievito Madre kann auch zusätzlich zu Hefe, Sauerteig oder Hefewasser genutzt werden. Dann reicht es, ihn einmal vorher aufzufrischen. Bei 500 g Mehl benötigen Sie 50–100 g Lievito Madre, also 10–20 % der Mehlmenge.

SAUERTEIG-ERSATZ Um einen Sauerteig mit Lievito Madre anzusetzen, nehmen Sie 10 % der Gesamtmehlmenge und setzen den Ansatz mit Mehl und Wasser im Verhältnis 1 : 1 wie Sauerteig an. Bei 500 g Mehl sind das dann 50 g Lievito Madre, 100 g Wasser und 100 g Mehl. Je nach Wärme benötigt der Teig 4–12 Stunden. In diesem Fall muss der Lievito Madre nicht vorher aufgefrischt werden.

TEIGE MIT LANGER GARE (MEHR ALS 7–8 STUNDEN) Bei Teigen mit langer Gare kann Lievito Madre ungefüttert direkt aus dem Kühlschrank verwendet werden. Hier kann man 10–30 % der Mehlmenge verwenden, bei 500 g Mehl also 50–150 g Lievito Madre.

NOTFALLHILFE FÜR IHREN LIEVITO MADRE

IHR LIEVITO MADRE GEHT NACH DEM FÜTTERN KAUM NOCH AUF Nehmen Sie 50 g Lievito Madre ab und schlagen Sie diese mit 100 g lauwarmem Wasser mit einem Pürierstab oder Handrührgerät auf, bis sich der Teig vollständig aufgelöst hat und die Flüssigkeit schaumig ist. Dann 200 g Mehl unterkneten. Den Teig zu einer Kugel formen, oben kreuzweise einschneiden und in ein hohes Glasgefäß mit Deckel legen. Möglichst warm (28–32 °C) gehen lassen. Eventuell noch ein- bis zweimal wiederholen.

SIE HABEN GROSSE MENGEN LIEVITO MADRE IM KÜHLSCHRANK UND KOMMEN NICHT ZUM BACKEN Dafür gibt es Auffrischrezepte, bei denen größere Mengen direkt aus dem Kühlschrank verwendet werden können. Außerdem können Sie 1–2 EL zu jedem Brotteig als eine Art Aromateig geben.

SIE ERKENNEN NICHT, WANN IHR LIEVITO MADRE REIF IST Er sollte sich mindestens verdoppeln, im Idealfall verdreifachen. Um das zu überprüfen, befestigen Sie direkt nach dem Füttern ein Gummiband in Höhe des Lievito am Glas. So können Sie gut sehen, wie hoch er aufgeht.

IHR LIEVITO MADRE RIECHT SÄUERLICH UND LEICHT NACH NAGELLACKENTFERNER Dann zeigt er Ihnen, dass er Hunger hat und gefüttert werden möchte. Ist der Lievito zu säuerlich geworden, hilft es, ihn nach dem Füttern warm (28–32 °C) zu führen, bis er sich verdoppelt oder verdreifacht hat.

IHR LIEVITO MADRE KLEBT SO SEHR, DASS SIE IHN NICHT ZU EINER KUGEL FORMEN KÖNNEN Kneten Sie einfach so viel Mehl darunter, bis er nicht mehr klebt.

SÜSSE HEFETEIGE können nur mit Lievito Madre getrieben werden.

Brotbackliebe

MASCARPONE-WURZELN

Wurzelbrote eignen sich sehr gut für Backeinsteiger, denn sie sind trotz des weichen Teiges einfach zu formen. Der Teig wird in drei längliche Stücke abgestochen und dann in sich verdreht. Mit Mascarpone im Teig entsteht ein wunderbar lockeres und fluffiges Beilagenbrot.

Stockgare: 10–12 Stunden
Stückgare: 30–60 Minuten
Backzeit: 20–25 Minuten

FÜR 3 STÜCK

300 g Weizenmehl 550
200 g Dinkelmehl 630
75 g Mascapone
330 g Wasser
10 g Lievito Madre aus dem Kühlschrank
3 g frische Hefe
1 TL Honig
12 g Salz

MISCHEN Mascarpone, Wasser, Lievito Madre, Hefe, Honig und Salz in eine Schüssel geben und mit dem Pürierstab durchrühren, bis sich der Lievito aufgelöst hat. Das gesamte Mehl zufügen und mit einem Dänischen Schneebesen oder Kochlöffel unterrühren, bis keine Mehlnester mehr zu sehen sind. Den Teig dann am besten direkt neben dem Spülbecken bei laufendem Wasser mit nassen Händen rundum falten.

STOCKGARE Den Teig abgedeckt 10–12 Stunden bei Raumtemperatur gehen lassen. Dabei wenn möglich nach 1–2 Stunden nochmals mit nassen Händen rundum falten.

FORMEN Den Teig auf eine leicht bemehlte Unterlage geben und mit der Teigkarte von allen vier Seiten einmal nach innen falten. Den Teig danach zu einem rechteckigen Fladen (ca. 30 × 20 cm) drücken und ziehen. Diesen mit der Teigkarte in 3 längliche Teiglinge teilen. Die Teiglinge in sich verdrehen und auf Backpapier oder Backfolie legen, die Oberfläche bemehlen.

STÜCKGARE Die Teiglinge abgedeckt 30–60 Minuten bei Raumtemperatur gehen lassen.

BACKEN Den Backofen auf 250 °C (Ober- und Unterhitze) vorheizen. Ein Backblech (oder Backstahl) mit aufheizen. Die Teiglinge mit dem Backpapier bzw. der Backfolie einschießen und den Backofen schwaden. Nach 10 Minuten den Dampf ablassen und den Backofen auf 220 °C herunterschalten. Die Wurzeln weitere 10–15 Minuten backen. Dabei die Ofentür in der letzten Minute einen Spaltbreit öffnen, damit der Dampf abzieht.

APFEL-BÄCKCHEN

Geriebener Apfel und Cidre, französischer Apfelwein, machen dieses Brot wunderbar saftig und aromatisch. Statt Cidre können Sie auch Apfelsaft verwenden.

Stockgare: 10–12 Stunden
Stückgare: 45–60 Minuten
Backzeit: 45–50 Minuten

FÜR 1 BROT (ca. 900 g ODER 2 KLEINE BROTE à 450 g)

- 300 g Weizenmehl 550
- 200 g Weizenmehl 1050
- 1 großer Apfel (ca. 150 g Fruchtfleisch), grob gerieben
- 200 g Cidre
- 100 g Wasser
- 40 g Lievito Madre aus dem Kühlschrank
- 3 g frische Hefe
- 12 g Salz

MISCHEN Cidre, Wasser, Lievito Madre, Hefe und Salz in eine Schüssel geben und mit dem Pürierstab durchrühren, bis sich der Lievito aufgelöst hat. Den geriebenen Apfel unterrühren. Das gesamte Mehl zufügen und mit einem Dänischen Schneebesen oder Kochlöffel unterrühren, bis keine Mehlnester mehr zu sehen sind. Den Teig dann am besten direkt neben dem Spülbecken bei laufendem Wasser mit nassen Händen rundum falten.

STOCKGARE Den Teig abgedeckt 10–12 Stunden bei Raumtemperatur gehen lassen. Dabei wenn möglich nach 1–2 Stunden nochmals mit nassen Händen rundum falten.

FORMEN Den Teig auf eine leicht bemehlte Unterlage geben und mit der Teigkarte von allen vier Seiten einmal nach innen falten. Den Teig rund- oder langwirken und mit dem Schluss nach oben in einen bemehlten Gärkorb legen. (Für 2 kleine Brote den Teig in 2 Teiglinge à ca. 490 g teilen, rundwirken und in zwei kleine Gärkörbe legen.)

STÜCKGARE Den Teig abgedeckt 45–60 Minuten bei Raumtemperatur gehen lassen.

BACKEN Den Backofen auf 250 °C (Ober- und Unterhitze) vorheizen. Ein Backblech (oder Backstahl) mit aufheizen. Den Teigling vorsichtig auf Backpapier oder Backfolie stürzen und einschneiden. Einschießen und den Backofen schwaden. Nach 10 Minuten den Dampf ablassen und den Backofen auf 200 °C herunterschalten. Das Brot weitere 35–40 Minuten (kleine Brote 20–25 Minuten) backen.

LUFTIGER DINKELTOAST

Dieser Dinkeltoast wird durch Buttermilch und eine lange Gare ganz besonders locker und fluffig. Wenn der Teig zum Formen zu weich ist, geben Sie ihn einfach nach dem Falten gleich in die Kastenform und streichen ihn mit nassen Händen glatt.

Stockgare: 10–12 Stunden
Stückgare: 2–3 Stunden
Backzeit: 45–50 Minuten

FÜR 1 BROT (ca. 900 g, KASTENFORM 23 × 11 cm)

300 g Dinkelmehl 630
200 g Dinkelmehl 1050
250 g Buttermilch
160 g Milch
40 g Lievito Madre aus dem Kühlschrank
3 g frische Hefe
25 g Honig
12 g Salz
40 g Sonnenblumenöl

MISCHEN Buttermilch, Milch, Lievito Madre, Hefe, Honig, Salz und Öl in eine Schüssel geben und mit dem Pürierstab durchrühren, bis sich der Lievito aufgelöst hat. Das gesamte Mehl zufügen und mit einem Dänischen Schneebesen oder Kochlöffel unterrühren, bis keine Mehlnester mehr zu sehen sind. Den Teig dann am besten direkt neben dem Spülbecken bei laufendem Wasser mit nassen Händen rundum falten.

STOCKGARE Den Teig abgedeckt 10–12 Stunden bei Raumtemperatur gehen lassen. Dabei wenn möglich nach 1–2 Stunden nochmals mit nassen Händen rundum falten.

FORMEN Den Teig auf eine leicht bemehlte Unterlage geben und mit der Teigkarte von allen vier Seiten einmal nach innen falten. Danach zu einem länglichen Laib formen und mit dem Schluss nach unten in die gefettete Kastenform geben.

STÜCKGARE Den Teig abgedeckt 2–3 Stunden bei Raumtemperatur gehen lassen, bis er sich etwa verdoppelt hat.

BACKEN Den Backofen auf 200 °C (Ober- und Unterhitze) vorheizen. Ein Backblech (oder Backstahl) mit aufheizen. Den Teigling quer einschneiden. Da er sehr weich ist, klappt das am besten mit einem in Öl getauchten Messer. In der Kastenform einschießen und den Backofen schwaden. Nach 10 Minuten den Dampf ablassen. Nach 30 Minuten den Backofen auf 180 °C herunterschalten und das Brot weitere 15–20 Minuten backen. Dabei eventuell mit Alufolie abdecken, falls die Oberfläche zu dunkel wird.

MALZBRÖTCHEN

Einen leicht malzigen Geschmack bekommen Brötchen, wenn man als Schüttflüssigkeit einen Teil Malzbier verwendet. Das Malzbier macht die Brötchen aber nicht wirklich süß, weshalb sie zu allen Belägen passen. Die Oberfläche der Teiglinge wird mit Eigelb bestrichen, damit sie schön knusprig werden.

Stockgare: 10–12 Stunden
Stückgare: 60–90 Minuten
Backzeit: 15–17 Minuten

FÜR 9 STÜCK

300 g Weizenmehl 550
200 g Semola Rimacinata (oder Hartweizengrieß)
200 g Malzbier
140 g Wasser
30 g Lievito Madre aus dem Kühlschrank
3 g frische Hefe
12 g Salz
20 g weiche Butter

Zum Einstreichen
1 Eigelb, 2 EL Wasser, ½ TL Salz

MISCHEN Malzbier, Wasser, Lievito Madre, Hefe, Salz und Butter in eine Schüssel geben und mit dem Pürierstab durchrühren, bis sich der Lievito aufgelöst hat. Das gesamte Mehl zufügen und mit einem Dänischen Schneebesen oder Kochlöffel unterrühren, bis keine Mehlnester mehr zu sehen sind. Den Teig dann am besten direkt neben dem Spülbecken bei laufendem Wasser mit nassen Händen rundum falten.

STOCKGARE Den Teig abgedeckt 10–12 Stunden bei Raumtemperatur gehen lassen. Dabei wenn möglich nach 1–2 Stunden nochmals mit nassen Händen rundum falten.

FORMEN Den Teig auf eine leicht bemehlte Unterlage geben und mit der Teigkarte von allen vier Seiten einmal nach innen falten. Dann 9 Teiglinge (à 100–105 g) abstechen und rundwirken. Die Teiglinge 10 Minuten entspannen lassen, danach nochmals straff rundwirken und mit dem Schluss nach unten auf Backpapier oder Backfolie setzen.

STÜCKGARE Die Teiglinge abgedeckt 60–90 Minuten bei Raumtemperatur gehen lassen.

BACKEN Den Backofen auf 250 °C (Ober- und Unterhitze) vorheizen. Ein Backblech (oder Backstahl) mit aufheizen. Zum Einstreichen Eigelb, Wasser und Salz verquirlen. Die Teiglinge damit bestreichen und einschneiden. Mit dem Backpapier bzw. der Backfolie einschießen und den Backofen schwaden. Nach 10 Minuten den Dampf ablassen und den Backofen auf 220 °C herunterschalten. Die Brötchen weitere 5–7 Minuten backen. Dabei die Ofentür in der letzten Minute einen Spaltbreit öffnen, damit der Dampf abzieht.

DINKEL-BURGER-BUNS MIT SAATEN-TOPPING

Diese luftigen Burger Buns mit Dinkel und einem Topping aus verschiedenen Saaten bringen Abwechslung auf den Tisch. Damit sie schön fluffig werden, wird einige Stunden vor dem Hauptteig ein Kochstück zubereitet. Das kann auch bereits am Vorabend erledigt und das Kochstück bis zur Verwendung gekühlt werden.

Stockgare: 10–12 Stunden
Stückgare: 1 Stunde
Backzeit: 15–17 Minuten

FÜR 8 STÜCK

Kochstück
50 g Dinkelmehl 1050
250 g Milch

Hauptteig
350 g Dinkelmehl 630
100 g Dinkelmehl 1050
Kochstück
100 g Milch
1 Ei (Gr. M–L, 50–60 g)
40 g Lievito Madre aus dem Kühlschrank
3 g frische Hefe
2 TL Honig
12 g Salz
35 g Butter, geschmolzen (oder Öl)

Topping
4–5 EL Milch
Saaten (nach Wahl)

KOCHSTÜCK Die Milch in einen Topf gießen und das Mehl mit einem Schneebesen einrühren. Die Mischung unter Rühren aufkochen und kurz köcheln lassen, bis sie andickt. Vom Herd nehmen und abkühlen lassen.

MISCHEN Kochstück, Milch, Ei, Lievito Madre, Hefe, Honig, Salz und Butter in eine Schüssel geben und mit dem Pürierstab durchrühren, bis sich der Lievito aufgelöst hat. Das gesamte Mehl zufügen und mit einem Dänischen Schneebesen oder Kochlöffel unterrühren, bis keine Mehlnester mehr zu sehen sind. Den Teig dann am besten direkt neben dem Spülbecken bei laufendem Wasser mit nassen Händen rundum falten.

STOCKGARE Den Teig abgedeckt 10–12 Stunden bei Raumtemperatur gehen lassen. Dabei wenn möglich nach 1–2 Stunden nochmals mit nassen Händen rundum falten.

FORMEN Den Teig auf eine leicht bemehlte Unterlage geben und mit der Teigkarte von allen vier Seiten einmal nach innen falten. Dann 8 Teiglinge (à 115–120 g) abstechen, rundwirken und mit dem Schluss nach unten auf Backpapier oder Backfolie setzen. Mit der Handfläche flach drücken.

STÜCKGARE UND TOPPING Die Teiglinge abgedeckt 1 Stunde bei Raumtemperatur gehen lassen. Dabei nach 30 Minuten nochmals mit der Handfläche flach drücken. Für das Topping die Teiglinge mit Milch bestreichen und mit den Saaten bestreuen.

BACKEN Den Backofen auf 200 °C (Ober- und Unterhitze) vorheizen. Ein Backblech (oder Backstahl) mit aufheizen. Die Teiglinge mit dem Backpapier bzw. der Backfolie einschießen und den Backofen schwaden. Den Dampf nicht ablassen, damit die Buns nicht zu knusprig werden. Die Brötchen 15–17 Minuten backen.

URIGE BUTTERMILCH-KANTEN

Diese Urkornbrötchen mit Emmer und Einkornflocken werden besonders saftig und locker, wenn sie einfach nur abgestochen werden. So bleibt die Luft im Teig weitgehend erhalten. Einen besonderen Geschmack bringen geröstete Einkornflocken in den Teig.

Stockgare: 10–12 Stunden
Stückgare: 30–60 Minuten
Backzeit: 15–17 Minuten

FÜR 10–12 STÜCK

200 g Emmer-Vollkornmehl (oder Weizen-Vollkornmehl)
200 g Dinkelmehl 630
100 g Einkornflocken (oder feine Haferflocken)
6 g Flohsamenschalen
300 g Buttermilch
160 g Wasser
30 g Lievito Madre aus dem Kühlschrank
3 g frische Hefe
1 TL Zuckerrübensirup
12 g Salz
15 g Sonnenblumenöl

Topping

Einkornflocken (oder feine Haferflocken)

VORBEREITUNG Die Flocken in einer beschichteten Pfanne trocken anrösten und abkühlen lassen.

MISCHEN Buttermilch, Wasser, Lievito Madre, Hefe, Rübensirup, Salz und Öl in eine Schüssel geben und mit dem Pürierstab durchrühren, bis sich der Lievito aufgelöst hat. Das gesamte Mehl, Flocken und Flohsamenschalen zufügen und mit einem Dänischen Schneebesen oder Kochlöffel unterrühren, bis keine Mehlnester mehr zu sehen sind. Den Teig dann am besten direkt neben dem Spülbecken bei laufendem Wasser mit nassen Händen rundum falten.

STOCKGARE Den Teig abgedeckt 10–12 Stunden bei Raumtemperatur gehen lassen. Dabei wenn möglich nach 1–2 Stunden nochmals mit nassen Händen rundum falten.

FORMEN UND TOPPING Den Teig auf eine bemehlte Arbeitsfläche geben und mit einer Teigkarte einmal von oben nach unten und einmal von rechts nach links falten. Den Teig dann zu einem Rechteck (ca. 30 × 20 cm) drücken und ziehen. Für das Topping die Oberfläche mit Wasser besprühen und mit den Flocken bestreuen. Mit einem Spatel 10–12 rechteckige Teiglinge abstechen und auf Backpapier oder Backfolie setzen. Nochmals mit Wasser besprühen, damit die Flocken besser haften.

STÜCKGARE Die Teiglinge abgedeckt 30–60 Minuten bei Raumtemperatur gehen lassen.

BACKEN Den Backofen auf 250 °C (Ober- und Unterhitze) vorheizen. Ein Backblech (oder Backstahl) mit aufheizen. Die Teiglinge mit dem Backpapier bzw. der Backfolie einschießen und den Backofen schwaden. Nach 10 Minuten den Dampf ablassen und den Backofen auf 200–220 °C herunterschalten. Die Brötchen weitere 5–7 Minuten backen. Dabei die Ofentür in der letzten Minute einen Spaltbreit öffnen, damit der Dampf abzieht.

BUTTER-BROT

In diesen Brotteig kommt reichlich Butter, was dem gebackenen Brot einen wunderbaren Geschmack verleiht. Ein Kochstück sorgt dafür, dass das Brot fluffig wird und lange frisch bleibt.

Stockgare: 10–12 Stunden
Stückgare: 1 Stunde
Backzeit: 45–50 Minuten

FÜR 1 BROT (ca. 900 g)

Kochstück

50 g Weizen-Vollkornmehl
250 g Milch

Hauptteig

150 g Weizenmehl 550
300 g Weizenmehl 1050
Kochstück
160 g Wasser
40 g Lievito Madre aus dem Kühlschrank
3 g frische Hefe
1 TL Zuckerrübensirup
12 g Salz
75 g Butter, geschmolzen

KOCHSTÜCK Die Milch in einen Topf gießen und das Mehl mit einem Schneebesen einrühren. Die Mischung unter Rühren aufkochen und kurz köcheln lassen, bis sie andickt. Vom Herd nehmen und abkühlen lassen.

MISCHEN Kochstück, Wasser, Lievito Madre, Hefe, Rübensirup, Salz und Butter in eine Schüssel geben und mit dem Pürierstab durchrühren, bis sich der Lievito aufgelöst hat. Das gesamte Mehl zufügen und mit einem Dänischen Schneebesen oder Kochlöffel unterrühren, bis keine Mehlnester mehr zu sehen sind. Den Teig dann am besten direkt neben dem Spülbecken bei laufendem Wasser mit nassen Händen rundum falten.

STOCKGARE Den Teig abgedeckt 10–12 Stunden bei Raumtemperatur gehen lassen. Dabei wenn möglich nach 1–2 Stunden nochmals mit nassen Händen rundum falten.

FORMEN Den Teig auf eine leicht bemehlte Unterlage geben und mit der Teigkarte von allen vier Seiten einmal nach innen falten. Den Teig rund- oder langwirken und mit dem Schluss nach oben in einen bemehlten Gärkorb legen.

STÜCKGARE Den Teig abgedeckt 1 Stunde bei Raumtemperatur gehen lassen.

BACKEN Den Backofen auf 250 °C (Ober- und Unterhitze) vorheizen. Ein Backblech (oder Backstahl) mit aufheizen. Den Teigling vorsichtig auf Backpapier stürzen und einschneiden. Einschießen und den Backofen schwaden. Nach 10 Minuten den Dampf ablassen und den Backofen auf 200 °C herunterschalten. Das Brot weitere 35–40 Minuten backen.

ALTBROT-BIER-WEIZEN

Bier, Altbrot und Buchweizenmehl geben dem Brot viel Aroma und einen herzhaft Geschmack. Das Brot hält lange frisch und passt zu allem.

Stockgare: 10–12 Stunden
Stückgare: 45–60 Minuten
Backzeit: 45–50 Minuten

FÜR 1 BROT (ca. 950 g)

220 g Weizenmehl 550
180 g Weizenmehl 1050
100 g Roggenmehl 1150
30 g Buchweizenmehl
50 g Altbrot, geröstet und gemahlen
25 g geschrotete Leinsamen
250 g Bier (Sorte nach Belieben)
180 g Wasser
20 g Lievito Madre aus dem Kühlschrank
3 g frische Hefe
1 TL Zuckerrübensirup
12 g Salz

MISCHEN Bier, Wasser, Lievito Madre, Hefe, Rübensirup und Salz in eine Schüssel geben und mit dem Pürierstab durchrühren, bis sich der Lievito aufgelöst hat. Das gesamte Mehl, Leinsamen und Altbrot zufügen und mit einem Dänischen Schneebesen oder Kochlöffel unterrühren, bis keine Mehlnester mehr zu sehen sind. Den Teig dann am besten direkt neben dem Spülbecken bei laufendem Wasser mit nassen Händen rundum falten.

STOCKGARE Den Teig abgedeckt 10–12 Stunden bei Raumtemperatur gehen lassen. Dabei wenn möglich nach 1–2 Stunden nochmals mit nassen Händen rundum falten.

FORMEN Den Teig auf eine leicht bemehlte Unterlage geben und mit der Teigkarte von allen vier Seiten einmal nach innen falten. Danach den Teig rund- oder langwirken und mit dem Schluss nach oben in einen bemehlten Gärkorb legen.

STÜCKGARE Den Teig abgedeckt 45–60 Minuten bei Raumtemperatur gehen lassen.

BACKEN Den Backofen auf 250 °C (Ober- und Unterhitze)vorheizen. Ein Backblech (oder Backstahl) mit aufheizen. Den Teigling vorsichtig auf Backpapier oder Backfolie stürzen und einschneiden. Einschießen und den Backofen schwaden. Nach 10 Minuten den Dampf ablassen und den Backofen auf 200 °C herunterschalten. Das Brot weitere 35–40 Minuten backen.

WURZEL-BAGUETTE

Ein No-Knead-Baguette ist schwierig, da der Teig eigentlich gut ausgeknetet und lange gekühlt werden muss, damit er eine schöne Porung bekommt. Wurzeln dagegen gelingen wunderbar und sind noch dazu leicht zu formen. Die Flohsamenschalen bewirken, dass mehr Wasser im Teig gebunden werden kann und die Krume schön locker wird.

Stockgare: 10–12 Stunden
Stückgare: 1,5–2 Stunden
Backzeit: 20–25 Minuten

FÜR 3 STÜCK

500 g Weizenmehl 550
6 g Flohsamenschalen
400 g Wasser
30 g Lievito Madre aus dem Kühlschrank
5 g frische Hefe
1 TL Honig
12 g Salz

MISCHEN Wasser, Lievito Madre, Hefe, Honig und Salz in eine Schüssel geben und mit dem Pürierstab durchrühren, bis sich der Lievito aufgelöst hat. Das gesamte Mehl und die Flohsamenschalen zufügen und mit einem Dänischen Schneebesen oder Kochlöffel unterrühren, bis keine Mehlnester mehr zu sehen sind. Den Teig dann am besten direkt neben dem Spülbecken bei laufendem Wasser mit nassen Händen rundum falten.

STOCKGARE Den Teig abgedeckt 10–12 Stunden bei Raumtemperatur gehen lassen. Dabei wenn möglich nach 1–2 Stunden nochmals mit nassen Händen rundum falten.

FORMEN Den Teig auf eine leicht bemehlte Unterlage geben und mit der Teigkarte von allen vier Seiten einmal nach innen falten. Danach vom Teig 3 gleich große Teiglinge abstechen. Die Teiglinge langwirken und in sich verdrehen. Auf Backpapier oder Backfolie legen und die Oberfläche bemehlen.

STÜCKGARE Die Teiglinge abgedeckt 1,5–2 Stunden bei Raumtemperatur gehen lassen.

BACKEN Den Backofen auf 250 °C (Ober- und Unterhitze)vorheizen. Ein Backblech (oder Backstahl) mit aufheizen. Die Teiglinge mit dem Backpapier bzw. der Backfolie einschießen und den Backofen schwaden. Nach 10 Minuten den Dampf ablassen und den Backofen auf 220 °C herunterschalten. Die Stangen weitere 10–15 Minuten backen. Dabei die Ofentür in der letzten Minute einen Spaltbreit öffnen, damit der Dampf abzieht.

PANE LATTE MACCHIATO

Zwei italienische Weizenmehle sowie Kaffee und Buttermilch als Schüttflüssigkeit machen dieses Brot zu einem ganz besonderen Genuss. Es passt sowohl zu Herzhaftem als auch zu Süßem.

Stockgare: 10–12 Stunden
Stückgare: 1,5–2 Stunden
Backzeit: 45–50 Minuten

FÜR 1 BROT (ca. 800 g)

300 g Weizenmehl Tipo 0 (oder T65, T55; oder Weizenmehl 550 und weniger Flüssigkeit)
200 g Weizenmehl T80 (oder Weizenmehl 1050)
220 g kalter Kaffee
170 g Buttermilch
20 g Lievito Madre aus dem Kühlschrank
3 g frische Hefe
1 TL Zuckerrübensirup
12 g Salz

MISCHEN Kaffee, Buttermilch, Lievito Madre, Hefe, Rübensirup und Salz in eine Schüssel geben und mit dem Pürierstab durchrühren, bis sich der Lievito aufgelöst hat. Das gesamte Mehl zufügen und mit einem Dänischen Schneebesen oder Kochlöffel unterrühren, bis keine Mehlnester mehr zu sehen sind. Den Teig dann am besten direkt neben dem Spülbecken bei laufendem Wasser mit nassen Händen rundum falten.

STOCKGARE Den Teig abgedeckt 10–12 Stunden bei Raumtemperatur gehen lassen. Dabei wenn möglich nach 1–2 Stunden nochmals mit nassen Händen rundum falten.

FORMEN Den Teig auf eine leicht bemehlte Unterlage geben und mit der Teigkarte von allen vier Seiten einmal nach innen falten. Den Teig dann rund- oder langwirken und mit dem Schluss nach oben in einen bemehlten Gärkorb legen.

STÜCKGARE Den Teig abgedeckt 1,5–2 Stunden bei Raumtemperatur gehen lassen.

BACKEN Den Backofen auf 250 °C (Ober- und Unterhitze) vorheizen. Ein Backblech (oder Backstahl) mit aufheizen. Den Teigling vorsichtig auf Backpapier oder Backfolie stürzen und einschneiden. Einschießen und den Backofen schwaden. Nach 10 Minuten den Dampf ablassen und den Backofen auf 200 °C herunterschalten. Das Brot weitere 35–40 Minuten backen.

NO-KNEAD-BROTE UND -BRÖTCHEN MIT VOLLKORN UND URKORN

ROTKORNKRUSTE

Rotkornweizen ist eine Urkornsorte. Sie besitzt eine leicht bräunlich-rote Farbe und bringt ein nussiges und kräftiges Aroma in Brotteige. Diese Rotkornkruste besteht zu 80 % aus Vollkornmehl. Falls Sie die Getreidekörner selbst mahlen, erledigen Sie das am besten am Vortag, damit das Mehl nicht zu warm ist.

Stockgare: 10–12 Stunden
Stückgare: 60–90 Minuten
Backzeit: 45–50 Minuten

FÜR 1 BROT (ca. 800 g)

350 g Rotkornweizen-Vollkornmehl (oder Weizen-Vollkornmehl)
100 g Dinkelmehl 630
50 g Waldstaudenroggen-Vollkornmehl (oder Roggen-Vollkornmehl)
300 g Buttermilch
100 g Wasser
3 g frische Hefe
1 TL Zuckerrübensirup
12 g Salz

MISCHEN Buttermilch, Wasser, Hefe, Rübensirup und Salz in eine Schüssel geben und mit dem Schneebesen glatt rühren. Das gesamte Mehl zufügen und mit einem Dänischen Schneebesen oder Kochlöffel unterrühren, bis keine Mehlnester mehr zu sehen sind. Den Teig dann am besten direkt neben dem Spülbecken bei laufendem Wasser mit nassen Händen rundum falten.

STOCKGARE Den Teig abgedeckt 10–12 Stunden bei Raumtemperatur gehen lassen. Dabei wenn möglich nach 1–2 Stunden nochmals mit nassen Händen rundum falten.

FORMEN Den Teig auf eine leicht bemehlte Unterlage geben und mit der Teigkarte von allen vier Seiten einmal nach innen falten. Danach rund- oder langwirken und mit dem Schluss nach unten in einen bemehlten Gärkorb legen.

STÜCKGARE Den Teig abgedeckt 60–90 Minuten bei Raumtemperatur gehen lassen.

BACKEN Den Backofen auf 250 °C (Ober- und Unterhitze) vorheizen. Ein Backblech (oder Backstahl) mit aufheizen. Den Teigling vorsichtig auf Backpapier oder Backfolie stürzen (nicht einschneiden, er reißt von alleine auf). Einschießen und den Backofen schwaden. Nach 10 Minuten den Dampf ablassen und den Backofen auf 200 °C herunterschalten. Das Brot weitere 35–40 Minuten backen.

URKORN-ZWIRBEL

Dank Altbrot und Leinsamen wird dieses reine Urkorn-Vollkornbrot schön saftig und bleibt lange frisch. Ein feines Alltagsbrot für viele Gelegenheiten.

Stockgare: 10–12 Stunden
Stückgare: 2–3 Stunden
Backzeit: 45–50 Minuten

FÜR 1 BROT (ca. 950 g, KASTENFORM 23 × 11 cm)

- 200 g Emmer-Vollkornmehl (oder Weizen-Vollkornmehl)
- 200 g Dinkel-Vollkornmehl
- 100 g Waldstaudenroggen-Vollkornmehl (oder Roggen-Vollkornmehl)
- 50 g Altbrot, geröstet und gemahlen
- 20 g geschrotete Leinsamen
- 500 g Wasser
- 3 g frische Hefe
- 1 TL Zuckerrübensirup
- 12 g Salz

MISCHEN Altbrot, Leinsamen, Wasser, Hefe, Rübensirup und Salz in eine Schüssel geben und mit dem Schneebesen glatt rühren. Das gesamte Mehl zufügen und mit einem Dänischen Schneebesen oder Kochlöffel unterrühren, bis keine Mehlnester mehr zu sehen sind. Den Teig dann am besten direkt neben dem Spülbecken bei laufendem Wasser mit nassen Händen rundum falten.

STOCKGARE Den Teig abgedeckt 10–12 Stunden bei Raumtemperatur gehen lassen. Dabei wenn möglich nach 1–2 Stunden nochmals mit nassen Händen rundum falten.

FORMEN Den Teig auf eine leicht bemehlte Unterlage geben und mit der Teigkarte von allen vier Seiten einmal nach innen falten. Danach langwirken und etwas länger als die Kastenform ausrollen. Den Teigling in sich verdrehen und in die gefettete Kastenform legen.

STÜCKGARE Den Teigling abgedeckt 2–3 Stunden bei Raumtemperatur gehen lassen, bis er sich mindestens verdoppelt hat.

BACKEN Den Backofen auf 250 °C (Ober- und Unterhitze) vorheizen. Ein Backblech (oder Backstahl) mit aufheizen. Den Teigling in der Kastenform einschießen und den Backofen schwaden. Nach 10 Minuten den Dampf ablassen und den Backofen auf 200 °C herunterschalten. Das Brot weitere 35–40 Minuten backen.

KERNIGES APFEL-VOLLKORN-BROT

Dieses reine Vollkornbrot wird mit gerösteten Sonnenblumen- und Kürbiskernen und geriebenem Apfel aufgepeppt. Dadurch ist es besonders saftig und aromatisch. Schon alleine der Duft des rohen Teiges macht Appetit auf das Brot.

Stockgare: 10–12 Stunden
Stückgare: 45–60 Minuten
Backzeit: 45–50 Minuten

FÜR 1 BROT (ca. 1100 g)

250 g Weizen-Vollkornmehl
150 g Dinkel-Vollkornmehl
100 g Roggen-Vollkornmehl
100 g Sonnenblumenkerne
50 g Kürbiskerne
1 großer Apfel (ca. 150 g Fruchtfleisch)
150 g griechischer Joghurt
320 g Wasser
3 g frische Hefe
12 g Salz

VORBEREITUNG Sonnenblumen- und Kürbiskerne in einer beschichteten Pfanne trocken rösten, bis sie duften und leicht bräunen. Abkühlen lassen. Den Apfel schälen, vierteln und entkernen. 150 g Fruchtfleisch abwiegen und mittelfein reiben.

MISCHEN Joghurt, Wasser, Hefe, Salz, geriebenen Apfel, Sonnenblumen- und Kürbiskerne in eine Schüssel geben und mit dem Schneebesen glatt rühren. Das gesamte Mehl zufügen und mit einem Dänischen Schneebesen oder Kochlöffel unterrühren, bis keine Mehlnester mehr zu sehen sind. Den Teig dann am besten direkt neben dem Spülbecken bei laufendem Wasser mit nassen Händen rundum falten.

STOCKGARE Den Teig abgedeckt 10–12 Stunden bei Raumtemperatur gehen lassen. Dabei wenn möglich nach 1–2 Stunden nochmals mit nassen Händen rundum falten.

FORMEN Den Teig auf eine leicht bemehlte Unterlage geben und mit der Teigkarte von allen vier Seiten einmal nach innen falten. Danach rund- oder langwirken und mit dem Schluss nach unten in einen bemehlten Gärkorb legen.

STÜCKGARE Den Teig abgedeckt 45–60 Minuten bei Raumtemperatur gehen lassen.

BACKEN Den Backofen auf 250 °C (Ober- und Unterhitze)vorheizen. Ein Backblech (oder Backstahl) mit aufheizen. Den Teigling vorsichtig auf Backpapier oder Backfolie stürzen, nicht einschneiden. Einschießen und den Backofen schwaden. Nach 10 Minuten den Dampf ablassen und den Backofen auf 200 °C herunterschalten. Das Brot weitere 35–40 Minuten backen.

DINKEL-VOLLKORN-KRUSTE LATTE MACCHIATO

Dank der Kombination aus Kaffee und Milch als Schüttflüssigkeit, Altbrot und einem Vollkornanteil von 70 % gelingt ein wunderbar aromatisches und saftiges Brot. Es besticht durch seinen köstlichen Geschmack und passt sehr gut zu allen Belägen.

Stockgare: 10–12 Stunden
Stückgare: 60–90 Minuten
Backzeit: 45–50 Minuten

FÜR 1 BROT (ca. 900 g)

- 250 g Dinkel-Vollkornmehl
- 150 g Dinkelmehl 1050
- 100 g Waldstaudenroggen-Vollkornmehl (oder Roggen-Vollkornmehl)
- 50 g Altbrot, geröstet und gemahlen
- 250 g kalter Kaffee
- 220 g Milch
- 3 g frische Hefe
- 1 TL Zuckerrübensirup
- 12 g Salz

MISCHEN Altbrot, Kaffee, Milch, Hefe, Rübensirup und Salz in eine Schüssel geben und mit dem Schneebesen glatt rühren. Das gesamte Mehl zufügen und mit einem Dänischen Schneebesen oder Kochlöffel unterrühren, bis keine Mehlnester mehr zu sehen sind. Den Teig dann am besten direkt neben dem Spülbecken bei laufendem Wasser mit nassen Händen rundum falten.

STOCKGARE Den Teig abgedeckt 10–12 Stunden bei Raumtemperatur gehen lassen. Dabei wenn möglich nach 1–2 Stunden nochmals mit nassen Händen rundum falten.

FORMEN Den Teig auf eine leicht bemehlte Unterlage geben und mit der Teigkarte von allen vier Seiten einmal nach innen falten. Danach rund- oder langwirken und mit dem Schluss nach oben in einen bemehlten Gärkorb legen.

STÜCKGARE Den Teig abgedeckt 60–90 Minuten bei Raumtemperatur gehen lassen.

BACKEN Den Backofen auf 250 °C (Ober- und Unterhitze) vorheizen. Ein Backblech (oder Backstahl) mit aufheizen. Den Teigling vorsichtig auf Backpapier oder Backfolie stürzen und einschneiden. Einschießen und den Backofen schwaden. Nach 10 Minuten den Dampf ablassen und den Backofen auf 200 °C herunterschalten. Das Brot weitere 35–40 Minuten backen.

GELBWEIZEN-HAFER-ECKEN

Gelbweizen ist eine Urkornsorte, die wegen ihrer Gelbfärbung gerne für süße Hefeteige oder Nudeln verwendet wird. Mit seinem nussigen Geschmack eignet er sich aber auch für Brot- und Brötchenteige. Für diese Brötchen bereiten Sie einige Stunden vorab oder am Vortag ein Kochstück zu.

Stockgare: 10–12 Stunden
Stückgare: 1,5–2 Stunden
Backzeit: 15–17 Minuten

FÜR 12 STÜCK

Kochstück
100 g grobe Haferflocken
50 g Gelbweizen-Vollkornmehl (oder Weizen-Vollkornmehl)
350 g Wasser

Hauptteig
250 g Gelbweizen-Vollkornmehl (oder Weizen-Vollkornmehl)
200 g Gelbweizenmehl 550 (oder Weizenmehl 550)
Kochstück
100 g Schmand
120 g Wasser
10 g Sauerteig-Anstellgut aus dem Kühlschrank
3 g frische Hefe
1 TL Zuckerrübensirup
12 g Salz
25 g Butter, geschmolzen

Topping
Haferflocken

KOCHSTÜCK Die Haferflocken in einer Pfanne trocken rösten, bis sie leicht bräunen. Flocken, Mehl und Wasser in einem Topf unter Rühren aufkochen, bis die Mischung andickt. Abkühlen lassen.

MISCHEN Kochstück, Schmand, Wasser, Anstellgut, Hefe, Rübensirup, Salz und Butter in eine Schüssel geben und mit dem Schneebesen glatt rühren. Das gesamte Mehl zufügen und mit einem Dänischen Schneebesen oder Kochlöffel unterrühren, bis keine Mehlnester mehr zu sehen sind. Den Teig dann am besten direkt neben dem Spülbecken bei laufendem Wasser mit nassen Händen rundum falten.

STOCKGARE Den Teig abgedeckt 10–12 Stunden bei Raumtemperatur gehen lassen. Dabei wenn möglich nach 1–2 Stunden nochmals mit nassen Händen rundum falten.

FORMEN UND TOPPING Den Teig auf eine leicht bemehlte Unterlage geben und mit der Teigkarte von allen vier Seiten einmal nach innen falten. 12 Teiglinge (à 90–100 g) abstechen, rundwirken und 5 Minuten entspannen lassen. Die Teiglinge umdrehen und von drei Seiten nach innen klappen, damit sie eine dreieckige Form bekommen. Für das Topping ein gefaltetes Geschirrtuch mit kaltem Wasser tränken, leicht ausdrücken und auf die Arbeitsfläche legen. Die Haferflocken auf einen Teller geben. Die Teiglinge mit der Oberfläche zuerst auf dem Tuch, dann in den Haferflocken wälzen. Mit dem Schluss nach unten auf Backpapier oder Backfolie legen.

STÜCKGARE Die Teiglinge abgedeckt 1,5–2 Stunden bei Raumtemperatur gehen lassen.

BACKEN Den Backofen auf 250 °C (Ober- und Unterhitze) vorheizen. Ein Backblech (oder Backstahl) mit aufheizen. Die Teiglinge mit dem Backpapier bzw. der Backfolie einschießen und den Backofen schwaden. Nach 10 Minuten den Dampf ablassen und den Ofen auf 220 °C schalten. Die Brötchen weitere 5–7 Minuten backen. Dabei die Ofentür in der letzten Minute einen Spaltbreit öffnen, damit der Dampf abzieht.

Brotbackliebe

VOLLKORN-MISCHA

Dieses unkomplizierte reine Vollkornbrot wird durch Altbrot und Buttermilch aromatisch und locker. Wenn Sie das Getreide frisch mahlen, erledigen Sie das unbedingt am Vortag. Denn frisch gemahlenes Mehl ist warm, und der Teig bekommt schnell eine zu hohe Temperatur.

Stockgare: 10–12 Stunden
Stückgare: 2–3 Stunden
Backzeit: 50–55 Minuten

FÜR 1 BROT (ca. 1000 g, KASTENFORM 23 × 11 cm)

250 g Weizen-Vollkornmehl
200 g Dinkel-Vollkornmehl
100 g Roggen-Vollkornmehl
50 g Altbrot, geröstet und gemahlen
380 g Wasser
150 g Buttermilch
3 g frische Hefe
10 g Anstellgut aus dem Kühlschrank
2 TL Zuckerrübensirup
12 g Salz

MISCHEN Altbrot, Wasser, Buttermilch, Hefe, Anstellgut, Rübensirup und Salz in eine Schüssel geben und mit dem Schneebesen glatt rühren. Das gesamte Mehl zufügen und mit einem Dänischen Schneebesen oder Kochlöffel unterrühren, bis keine Mehlnester mehr zu sehen sind. Den Teig dann am besten direkt neben dem Spülbecken bei laufendem Wasser mit nassen Händen rundum falten.

STOCKGARE Den Teig abgedeckt 10–12 Stunden bei Raumtemperatur gehen lassen. Dabei wenn möglich nach 1–2 Stunden nochmals mit nassen Händen rundum falten.

FORMEN Den Teig in die gefettete Kastenform legen und mit nassen Händen glatt streichen. Die Oberfläche bemehlen.

STÜCKGARE Den Teig abgedeckt 2–3 Stunden bei Raumtemperatur gehen lassen, bis er sich verdoppelt hat.

BACKEN Den Backofen auf 250 °C (Ober- und Unterhitze) vorheizen. Ein Backblech (oder Backstahl) mit aufheizen. Den Teigling einschneiden, in der Kastenform einschießen und den Backofen schwaden. Nach 10 Minuten den Dampf ablassen und den Backofen auf 200 °C herunterschalten. Das Brot weitere 40–45 Minuten backen.

GELBWEIZEN-KAROTTEN-KRUSTE

Dieses reine Vollkornbrot enthält neben geriebenen Karotten auch noch Karottensaft. Beides gibt der Krume eine schöne Farbe. Mit gerösteten Sonnenblumenkernen bekommt es einen aromatischen Geschmack und wird wunderbar saftig.

Stockgare: 10–12 Stunden
Stückgare: 30–60 Minuten
Backzeit: 50–55 Minuten

FÜR 1 BROT (ca. 1200 g)

500 g Gelbweizen-Vollkornmehl (oder Weizen-Vollkornmehl)
30 g geschrotete Leinsamen
75 g Sonnenblumenkerne
6 g Flohsamenschalen
220 g Karotten, gerieben
300 g Karottensaft
150 g Wasser
20 g Lievito Madre aus dem Kühlschrank
3 g frische Hefe
14 g Salz
20 g Sonnenblumenöl

VORBEREITUNG Die Sonnenblumenkerne in einer beschichteten Pfanne trocken rösten, bis sie duften und leicht bräunen.

MISCHEN Karottensaft, Wasser, Lievito Madre, Hefe, Salz und Öl in eine Schüssel geben und mit dem Pürierstab durchrühren, bis sich der Lievito aufgelöst hat. Leinsamen, Sonnenblumenkerne, Flohsamenschalen und geriebene Karotten zugeben und mit dem Schneebesen unterrühren. Das gesamte Mehl zufügen und mit einem Dänischen Schneebesen oder Kochlöffel unterrühren, bis keine Mehlnester mehr zu sehen sind. Den Teig dann am besten direkt neben dem Spülbecken bei laufendem Wasser mit nassen Händen rundum falten.

STOCKGARE Den Teig abgedeckt 10–12 Stunden bei Raumtemperatur gehen lassen. Dabei wenn möglich nach 1–2 Stunden nochmals mit nassen Händen rundum falten.

FORMEN Den Teig auf eine leicht bemehlte Unterlage geben und mit der Teigkarte von allen vier Seiten einmal nach innen falten. Danach rund- oder langwirken und mit dem Schluss nach oben in einen bemehlten Gärkorb legen.

STÜCKGARE Den Teig abgedeckt 30–60 Minuten bei Raumtemperatur gehen lassen.

BACKEN Den Backofen auf 250 °C (Ober- und Unterhitze) vorheizen. Ein Backblech (oder Backstahl) mit aufheizen. Den Teigling vorsichtig auf Backpapier oder Backfolie stürzen und einschneiden. Einschießen und den Backofen schwaden. Nach 10 Minuten den Dampf ablassen und den Backofen auf 200 °C herunterschalten. Das Brot weitere 40–45 Minuten backen.

Tipp: Sind die Karotten sehr frisch und saftig, verwenden Sie etwas weniger Flüssigkeit. Sollte der Teig zum Formen zu weich sein, einfach in eine gefettete Kastenform legen.

Tipp:
Wenn der Teig zu weich zum Formen ist, legen Sie ihn nach dem Falten direkt in die Kastenform.

KÖRNER-BOX

Für dieses reine Vollkornbrot werden Weizen- und Roggenkörner einige Stunden vorher gekocht. Dieses Kochstück kommt dann mit dem Vollkornmehl in den Teig. So entsteht ein supersaftiges Brot, das sich gut frisch hält und zu allen Belägen passt. Das Kochstück können Sie bereits am Vortag zubereiten und bis zur Verwendung kühlen.

Stockgare: 10–12 Stunden
Stückgare: 2–3 Stunden
Backzeit: 50–55 Minuten

FÜR 1 BROT (KASTENFORM 30 × 12 cm ODER 2 KLEINE BROTE, KASTENFORM 19 × 10 cm)

Kochstück
- 100 g Weizenkörner
- 100 g Roggenkörner
- 600 g Wasser

Hauptteig
- 150 g Weizen-Vollkornmehl
- 150 g Dinkel-Vollkornmehl
- 150 g Roggen-Vollkornmehl
- 40 g Altbrot, geröstet und gemahlen
- Kochstück
- 100 g Sonnenblumenkerne
- 50 g Kürbiskerne
- 600 g Buttermilch
- 10 g Sauerteig-Anstellgut aus dem Kühlschrank
- 3 g frische Hefe
- 2 TL Zuckerrübensirup
- 14 g Salz

Topping
- Kürbis- und Sonnenblumenkerne, gehackt
- Sesam

KOCHSTÜCK UND VORBEREITUNG Für das Kochstück Getreidekörner und Wasser in einem Topf aufkochen und bei schwacher Hitze 1 Stunde köcheln lassen. In ein Sieb abgießen und abkühlen lassen. Die Sonnenblumen- und Kürbiskerne in einer beschichteten Pfanne trocken rösten, bis sie duften und leicht bräunen. Abkühlen lassen.

MISCHEN Altbrot, Kochstück, Sonnenblumen- und Kürbiskerne, Buttermilch, Anstellgut, Hefe, Rübensirup und Salz in eine Schüssel geben und mit dem Schneebesen glatt rühren. Das gesamte Mehl zufügen und mit einem Dänischen Schneebesen oder Kochlöffel unterrühren, bis keine Mehlnester mehr zu sehen sind. Den Teig dann am besten direkt neben dem Spülbecken bei laufendem Wasser mit nassen Händen rundum falten.

STOCKGARE Den Teig abgedeckt 10–12 Stunden bei Raumtemperatur gehen lassen. Dabei wenn möglich nach 1–2 Stunden nochmals mit nassen Händen rundum falten.

FORMEN UND TOPPING Den Teig auf eine leicht bemehlte Unterlage geben und mit der Teigkarte von allen vier Seiten einmal nach innen falten (für 2 kleine Brote den Teig danach halbieren). Dann langwirken und mit dem Schluss nach unten in die gefettete Kastenform legen. Für das Topping die Oberfläche mit nassen Händen glatt streichen und mit den Saaten bestreuen. Nochmals mit Wasser besprühen, damit die Saaten gut haften.

STÜCKGARE Den Teig abgedeckt 2–3 Stunden bei Raumtemperatur gehen lassen, bis er sich mindestens verdoppelt hat.

BACKEN Den Backofen auf 250 °C (Ober- und Unterhitze) vorheizen. Ein Backblech (oder Backstahl) mit aufheizen. Den Teigling in der Kastenform einschießen und den Backofen schwaden. Nach 10 Minuten den Dampf ablassen und den Backofen auf 200 °C herunterschalten. Das Brot weitere 40–45 Minuten (kleine Brote 30–35 Minuten) backen.

WALDKAUZ

Der Waldkauz ist ein reines Urkornbrot mit Waldstaudenroggen und Dinkel. Einen besonderen Kick bekommt es durch etwas Buchweizenmehl und Altbrot. Es hält lange frisch und schmeckt zu herzhaften wie süßen Belägen. Wenn der Teig zum Formen zu weich ist, kann er direkt in die Kastenform gegeben und mit nassen Händen glatt gestrichen werden.

Stockgare: 10–12 Stunden
Stückgare: 2,5–3 Stunden
Backzeit: 50–55 Minuten

FÜR 1 BROT (ca. 1000 g, KASTENFORM 23 × 11 cm)

- 300 g Waldstaudenroggen-Vollkornmehl (oder Roggen-Vollkornmehl)
- 170 g Dinkelmehl 1050
- 30 g Buchweizenmehl
- 50 g Altbrot, geröstet und gemahlen
- 200 g Buttermilch
- 280 g Wasser
- 10 g Sauerteig-Anstellgut aus dem Kühlschrank
- 3 g frische Hefe
- 1 TL Zuckerrübensirup
- 12 g Salz

MISCHEN Altbrot, Buttermilch, Wasser, Anstellgut, Hefe, Rübensirup und Salz in eine Schüssel geben und mit dem Schneebesen glatt rühren. Das gesamte Mehl zufügen und mit einem Dänischen Schneebesen oder Kochlöffel unterrühren, bis keine Mehlnester mehr zu sehen sind. Den Teig dann am besten direkt neben dem Spülbecken bei laufendem Wasser mit nassen Händen rundum falten.

STOCKGARE Den Teig abgedeckt 10–12 Stunden bei Raumtemperatur gehen lassen. Dabei wenn möglich nach 1–2 Stunden nochmals mit nassen Händen rundum falten.

FORMEN Den Teig auf eine leicht bemehlte Unterlage geben und mit der Teigkarte von allen vier Seiten einmal nach innen falten. Dann langwirken und mit dem Schluss nach unten in die gefettete Kastenform geben. Mit nassen Händen glatt streichen und die Oberfläche dünn mit Roggenmehl bestäuben.

STÜCKGARE Den Teig abgedeckt 2,5–3 Stunden bei Raumtemperatur gehen lassen. Sobald sich Risse an der Oberfläche zeigen und der Teig sich ungefähr verdoppelt hat, nochmals dünn mit Roggenmehl bestäuben. Wenn sich erneut Risse zeigen, ist der Teig bereit zum Backen.

BACKEN Den Backofen auf 250 °C (Ober- und Unterhitze) vorheizen. Ein Backblech (oder Backstahl) mit aufheizen. Den Teigling nicht einschneiden, in der Kastenform einschießen und den Backofen schwaden. Nach 10 Minuten den Dampf ablassen und den Backofen auf 200 °C herunterschalten. Das Brot weitere 40–45 Minuten backen.

VOLLKORN-BRÖTCHEN MIT SAATEN-TOPPING

Diese knusprigen Brötchen mit einem Vollkornanteil von 70 % werden durch Buttermilch und Flohsamenschalen schön locker. Das Topping aus verschiedenen Saaten gibt ihnen einen köstlichen Geschmack.

Stockgare: 10–12 Stunden
Stückgare: 75–90 Minuten
Backzeit: 15–18 Minuten

FÜR 10 STÜCK

350 g Weizen-Vollkornmehl
150 g Dinkelmehl 630
6 g Flohsamenschalen
200 g Buttermilch
220 g Wasser
5 g frische Hefe
1 TL Honig
12 g Salz

Topping

gemischte Flocken und Saaten (z. B. Einkornflocken, Leinsamen, Sesam, gehackte Kürbis- und Sonnenblumenkerne)

MISCHEN Flohsamenschalen, Buttermilch, Wasser, Hefe, Honig und Salz in eine Schüssel geben und mit dem Schneebesen glatt rühren. Das gesamte Mehl zufügen und mit einem Dänischen Schneebesen oder Kochlöffel unterrühren, bis keine Mehlnester mehr zu sehen sind. Den Teig dann am besten direkt neben dem Spülbecken bei laufendem Wasser mit nassen Händen rundum falten.

STOCKGARE Den Teig abgedeckt 10–12 Stunden bei Raumtemperatur gehen lassen. Dabei wenn möglich nach 1–2 Stunden nochmals mit nassen Händen rundum falten.

FORMEN UND TOPPING Den Teig auf eine leicht bemehlte Unterlage geben und mit der Teigkarte von allen vier Seiten einmal nach innen falten. Vom Teig 10 Teiglinge à 95(–100 g) abstechen und rundwirken. Die Teiglinge 5 Minuten entspannen lassen. Danach nochmals straff rundwirken. Für das Topping ein gefaltetes Geschirrtuch mit kaltem Wasser tränken, nur leicht ausdrücken und neben die Arbeitsfläche legen. Die Saaten auf einem Teller mischen. Die Oberfläche der Teiglinge zuerst auf dem Tuch, dann in der Saatenmischung wälzen. Mit dem Schluss nach unten auf Backpapier oder Backfolie legen.

STÜCKGARE Die Teiglinge abgedeckt 75–90 Minuten bei Raumtemperatur gehen lassen.

BACKEN Den Backofen auf 250 °C (Ober- und Unterhitze)vorheizen. Ein Backblech (oder Backstahl) mit aufheizen. Die Teiglinge einschneiden und mit dem Backpapier bzw. der Backfolie einschießen. Den Backofen sofort schwaden. Nach 10 Minuten den Dampf ablassen und den Backofen auf 200 °C herunterschalten. Die Brötchen weitere 5–8 Minuten backen. Dabei die Ofentür in der letzten Minute einen Spaltbreit öffnen, damit der Dampf abzieht.

NO-KNEAD-PIZZA, -FLAMMKUCHEN & CO.

ITALIENISCHE PIZZA

Pizzateig lässt sich sehr gut mit der No-Knead-Methode zubereiten. Bei dieser Pizza lohnt es sich, die angegebene Mehlsorte zu verwenden, denn damit schmeckt sie wie bei einem guten Italiener. Testen Sie den Unterschied zu Weizenmehl 550 und belegen Sie die Böden nach Lust und Laune.

Stockgare: 10–12 Stunden
Entspannen: 2–3 Stunden
Backzeit: je 7–15 Minuten

FÜR 5 PIZZAS

Teig

- 400 g Pizzamehl Tipo 00 (oder Weizenmehl 550)
- 200 g Semola Rimacinata (oder Hartweizengrieß)
- 430 g Wasser
- 10 g Lievito Madre aus dem Kühlschrank
- 3 g frische Hefe
- 15 g Salz
- 20 g Olivenöl

Sauce und Belag

- 1 Zwiebel
- 1 Knoblauchzehe
- 1 EL Olivenöl
- 1 Dose stückige Tomaten (400 g)
- Salz, Pfeffer
- 1 Prise Zucker
- 1 TL Gemüsebrühe (Instant)
- 1 TL getrocknete italienische Kräuter (Thymian, Oregano, Basilikum)
- 200 g Mozzarella (oder anderer Käse), in Scheiben geschnitten
- Belag (nach Wahl)

MISCHEN Wasser, Lievito Madre, Hefe, Salz und Öl in eine Schüssel geben und mit dem Pürierstab durchrühren, bis sich der Lievito aufgelöst hat. Mehl und Semola zufügen und mit einem Dänischen Schneebesen oder Kochlöffel unterrühren, bis keine Mehlnester mehr zu sehen sind. Den Teig dann am besten direkt neben dem Spülbecken bei laufendem Wasser mit nassen Händen rundum falten.

STOCKGARE Den Teig abgedeckt 10–12 Stunden bei Raumtemperatur gehen lassen. Dabei wenn möglich nach 1–2 Stunden nochmals mit nassen Händen rundum falten. Anschließend bis zu 48 Stunden kühlstellen.

FORMEN UND ENTSPANNEN Den Teig 1–2 Stunden vor dem Formen aus dem Kühlschrank nehmen und auf eine leicht bemehlte Unterlage geben. Danach mit der Teigkarte von allen vier Seiten einmal nach innen falten und 5 Teiglinge (à 210–220 g) abstechen. Die Teiglinge rundwirken und 1 Stunde entspannen lassen. Danach zu Fladen ausziehen. Wenn der Teig sich nicht weiter ausziehen lässt, zwischendurch entspannen lassen und dann weiter ausziehen. Die Fladen einzeln auf Backpapier legen.

SAUCE UND BELAG Für die Sauce Zwiebel und Knoblauch schälen, fein würfeln und in Olivenöl andünsten. Mit den Tomaten, Salz, Pfeffer, Zucker, Gemüsebrühe und Kräutern in einen hohen Rührbecher geben und mit dem Pürierstab mixen. Die Sauce auf den Böden verstreichen und mit Mozzarella belegen. Einen Belag nach Wahl darauf verteilen.

BACKEN Den Backofen auf die höchstmögliche Temperatur (Ober- und Unterhitze) vorheizen. Ein Backblech (oder Backstahl) mit aufheizen. Die Pizzas nacheinander mit dem Backpapier einschießen und je nach Temperatur jeweils 7–15 Minuten backen.

Tipp: Bei diesem Teig können Sie sich mit dem Backen Zeit lassen. Nach der Stockgare kann er nämlich noch bis zu 48 Stunden im Kühlschrank gelagert werden.

Tipp: Etwas kräftiger schmecken die Flammkuchen, wenn Sie mit den Tomaten noch 150 g Speckwürfel, Schafskäse und/oder Frühlingszwiebeln darauf verteilen.

FLAMMKUCHEN MIT BASILIKUM-SCHMAND UND TOMATEN

Klassisch wird Flammkuchenteig ja ohne Triebmittel zubereitet, aber mit etwas Lievito Madre schmeckt er einfach besser. Ich habe hier einen vegetarischen Belag gewählt, den Sie jedoch gerne variieren können.

Stockgare: 10–12 Stunden
Entspannen: 75 Minuten
Backzeit: je 7–15 Minuten

FÜR 8 FLAMMKUCHEN

Teig

750 g Weizenmehl 550
450 g Wasser
30 g Lievito Madre aus dem Kühlschrank
14 g Salz
30 g Olivenöl

Belag

½ Bund Basilikum
300–400 g Schmand
2 EL Olivenöl
Salz, Pfeffer
1 Knoblauchzehe
2 große Zwiebeln
20–30 Cocktailtomaten

MISCHEN Wasser, Lievito Madre, Salz und Öl in eine Schüssel geben und mit dem Pürierstab durchrühren, bis sich der Lievito aufgelöst hat. Das gesamte Mehl zufügen und mit einem Dänischen Schneebesen oder Kochlöffel unterrühren, bis keine Mehlnester mehr zu sehen sind. Den Teig eventuell mit den Händen noch etwas nachkneten, da er sehr fest ist. Den Teig dann am besten direkt neben dem Spülbecken bei laufendem Wasser mit nassen Händen rundum falten.

STOCKGARE Den Teig abgedeckt 10–12 Stunden bei Raumtemperatur gehen lassen. Dabei wenn möglich nach 1–2 Stunden nochmals mit nassen Händen rundum falten. (Anschließend kann er noch bis zu 24 Stunden im Kühlschrank gelagert werden.)

BELAG Das Basilikum waschen, trocken schütteln und fein hacken. Mit Schmand, Olivenöl, Salz und Pfeffer in eine Schüssel geben. Den Knoblauch schälen, dazupressen und alles vermischen. Die Zwiebeln schälen und in dünne Scheiben hobeln oder schneiden. Die Tomaten waschen und in dünne Scheiben schneiden.

FORMEN UND ENTSPANNEN Den Teig 45 Minuten vor dem Formen aus dem Kühlschrank nehmen. Mit der Teigkarte von allen vier Seiten einmal nach innen falten und 8 Teiglinge (à 160–165 g) abstechen. Die Teiglinge rundwirken und abgedeckt 30 Minuten entspannen lassen. Danach dünn ausrollen und einzeln auf Backpapier legen. Die Böden mit der Schmandcreme bestreichen und mit Zwiebelscheiben und Tomaten belegen.

BACKEN Den Backofen auf 250 °C (Ober- und Unterhitze) oder wenn möglich auf 300 °C vorheizen. Ein Backblech (oder Backstahl) mit aufheizen. Die Flammkuchen nacheinander mit dem Backpapier einschießen und je nach Temperatur jeweils 7–15 Minuten backen.

PITA-TASCHEN

Diese Pita-Taschen blähen sich beim Backen auf und werden innen hohl. So können sie prima gefüllt werden können. Als Füllung schmeckt Gyros mit Krautsalat, Joghurtsauce, Tomaten und Zwiebeln. Die Taschen sind jedoch auch eine ideale Hülle für Falafel oder Schafskäse.

Stockgare: 10–12 Stunden
Stückgare: 20 Minuten
Backzeit: 10–12 Minuten

FÜR 5 STÜCK

300 g Weizenmehl 550
150 g Dinkelmehl 630
285 g Wasser
3 g frische Hefe
10 g Salz
15 g Olivenöl

MISCHEN Wasser, Hefe, Salz und Öl in eine Schüssel geben und mit dem Schneebesen glatt rühren. Das gesamte Mehl zufügen und mit einem Dänischen Schneebesen oder Kochlöffel unterrühren. Dann noch kurz mit den Händen durchkneten, bis kein Mehl mehr zu sehen ist. Den Teig am besten direkt neben dem Spülbecken bei laufendem Wasser mit nassen Händen rundum falten.

STOCKGARE Den Teig abgedeckt 10–12 Stunden bei Raumtemperatur gehen lassen. Dabei wenn möglich nach 1–2 Stunden nochmals mit nassen Händen rundum falten.

FORMEN Den Teig auf eine leicht bemehlte Unterlage geben. Mit der Teigkarte von allen vier Seiten einmal nach innen falten und 5 Teiglinge (à 160–165 g) abstechen. Die Teiglinge rundwirken und abgedeckt 20 Minuten entspannen lassen. Dann 5 mm dick zu Kreisen (ca. 15 cm Ø) ausrollen und auf Backpapier oder Backfolie legen.

STÜCKGARE Den Teig abgedeckt 20 Minuten bei Raumtemperatur gehen lassen.

BACKEN Den Backofen auf 250 °C (Ober- und Unterhitze) vorheizen. Ein Backblech (oder Backstahl) mit aufheizen. Die Teiglinge mit dem Backpapier bzw. der Backfolie einschießen und ohne Schwaden 10–12 Minuten backen.

Tipp: Noch einfacher ist das Formen, wenn Sie die Teigrollen ohne abzuwiegen in Stücke teilen und diese zu unterschiedlich großen Kugeln formen. Das sieht sehr dekorativ aus.

BUBBLE BREAD MIT KRÄUTERBUTTER UND KÄSE

Dieses Beilagenbrot ist ein Hingucker und lässt sich super vorbereiten, denn die Stückgare können Sie ganz variabel handhaben. Lassen Sie den Teig z. B. 1,5 Stunden bei Raumtemperatur und 8 Stunden im Kühlschrank oder 2 Stunden bei Raumtemperatur und 4 Stunden im Kühlschrank gehen. So backen Sie für jeden Anlass frisch.

Stockgare: 10–12 Stunden
Stückgare: 2,5 Stunden
Backzeit: 20–25 Minuten

FÜR 1 BROT (RUNDES BACKBLECH ca. 30 cm Ø)

500 g Weizenmehl 550
330 g Wasser
40 g Lievito Madre aus dem Kühlschrank (oder 10 g Sauerteig-Anstellgut aus dem Kühlschrank)
3 g frische Hefe
1 TL Honig
10 g Salz
10 g Sonnenblumenöl

Belag

60 g weiche Kräuterbutter (oder Bärlauchbutter)
50 g Pecorino (oder anderer Käse), gerieben

MISCHEN Wasser, Lievito Madre, Hefe, Honig, Salz und Öl in eine Schüssel geben und mit dem Pürierstab durchrühren, bis sich der Lievito aufgelöst hat. Das Mehl zufügen und mit einem Dänischen Schneebesen oder Kochlöffel unterrühren, bis keine Mehlnester mehr zu sehen sind. Den Teig dann am besten direkt neben dem Spülbecken bei laufendem Wasser mit nassen Händen rundum falten.

STOCKGARE Den Teig abgedeckt 10–12 Stunden bei Raumtemperatur gehen lassen. Dabei wenn möglich nach 1–2 Stunden nochmals mit nassen Händen rundum falten.

FORMEN Den Teig auf eine leicht bemehlte Unterlage geben und mit der Teigkarte von allen vier Seiten einmal nach innen falten. Den Teig in 3 Teiglinge teilen und diese zu langen Rollen formen. Von jeder Rolle 10 Stücke (à 30 g) abstechen. Die Stücke rundwirken und mit etwas Abstand auf das gefettetes Backblech (alternativ auf Backpapier oder Backfolie) legen.

STÜCKGARE UND BELAG Die Teiglinge abgedeckt 2,5 Stunden bei Raumtemperatur gehen lassen. Für den Belag die Teiglinge mit der Kräuterbutter bestreichen und mit dem Pecorino bestreuen.

BACKEN Den Backofen auf 250 °C (Ober- und Unterhitze) vorheizen. Ein Backblech (oder Backstahl) mit aufheizen. Die Teiglinge in der Form einschießen, den Backofen nicht schwaden. Nach 10 Minuten den Backofen auf 200 °C herunterschalten. Das Brot weitere 10–15 Minuten backen.

NO-KNEAD-TEIGE
FÜR SÜSSES GEBÄCK

ROSINEN-BROT

Auch süße, schwere Teige können nach dem No-Knead-Prinzip zubereitet werden. Ein Kochstück macht dieses leicht süße Brot besonders locker und hält es länger frisch. Das Kochstück wird 2–3 Stunden im Voraus hergestellt. Es kann jedoch bereits am Vortag zubereitet und nach dem Abkühlen im Kühlschrank gelagert werden.

Stockgare: 10–12 Stunden
Stückgare: 2 Stunden
Backzeit: 35–40 Minuten

FÜR 2 BROTE (à ca. 520 g ODER 1 GROSSES BROT ca. 1050 g)

Kochstück

50 g Weizenmehl 550
250 g Milch

Hauptteig

250 g Weizenmehl 550
200 g Dinkelmehl 630
Kochstück
120 g Buttermilch
50 g Orangensaft
1 Ei (Gr. L, ca. 60 g)
50 g Lievito Madre aus dem Kühlschrank
5 g frische Hefe
50 g Zucker
1 TL Vanillezucker
10 g Salz
1 TL abgeriebene Bio-Zitronenschale
50 g weiche Butter
75 g Rosinen

Zum Einstreichen

1 Eigelb, 2 EL Sahne, 1 Prise Salz

KOCHSTÜCK Die Milch in einen Topf gießen und das Mehl mit einem Schneebesen einrühren. Die Mischung unter Rühren aufkochen, bis sie andickt. Vom Herd nehmen und 2–3 Stunden abkühlen lassen.

MISCHEN Kochstück, Buttermilch, Orangensaft, Ei, Lievito Madre, Hefe, Zucker, Vanillezucker, Salz, Zitronenschale und Butter in eine Schüssel geben und mit dem Pürierstab durchrühren, bis sich der Lievito aufgelöst hat. Die Rosinen unterrühren. Das gesamte Mehl zufügen und mit einem Dänischen Schneebesen oder Kochlöffel unterrühren, bis keine Mehlnester mehr zu sehen sind. Den Teig dann am besten direkt neben dem Spülbecken bei laufendem Wasser mit nassen Händen rundum falten.

STOCKGARE Den Teig abgedeckt 10–12 Stunden bei Raumtemperatur gehen lassen. Dabei wenn möglich nach 1–2 Stunden nochmals mit nassen Händen rundum falten.

FORMEN Den Teig auf eine leicht bemehlte Unterlage geben und mit der Teigkarte von allen vier Seiten einmal nach innen falten. Danach den Teig in 2 Stücke (à ca. 590 g) teilen. Die Stücke vorsichtig ohne viel Druck rund- oder langwirken und mit dem Schluss nach oben in zwei bemehlte Gärkörbe legen. (Für 1 großes Brot den Teig zu 1 großen Teigling formen.)

STÜCKGARE Den Teig abgedeckt 2 Stunden bei Raumtemperatur gehen lassen.

BACKEN Den Backofen auf 200 °C (Ober- und Unterhitze) vorheizen. Ein Backblech (oder Backstahl) mit aufheizen. Zum Einstreichen Eigelb, Sahne und Salz verquirlen. Die Teiglinge vorsichtig auf Backpapier oder Backfolie stürzen, mit der Eigelbsahne bestreichen und einschneiden. Einschießen und den Backofen schwaden. Nach 10 Minuten den Dampf ablassen und den Backofen auf 180 °C herunterschalten. Die Brote weitere 25–30 Minuten (großes Brot 35–40 Minuten) backen.

HEIDELBEER-BUTTERKUCHEN

Butterkuchen wird durch die Zugabe von Lievito Madre und die lange Gare herrlich locker und luftig. Alternativ können Sie auch andere Früchte wie gewürfelte Äpfel oder Aprikosen verwenden. Und für ein ganzes Blech Butterkuchen verdoppeln Sie einfach die Zutatenmengen.

Stockgare: 10–12 Stunden
Stückgare: 2,5 Stunden
Backzeit: 30–35 Minuten

FÜR 1 KUCHEN (RUNDE BACKFORM 24–26 cm Ø)

Teig

- 300 g Weizenmehl 550
- 135 g Milch
- 1 Ei (Gr. L, ca. 60 g)
- 40 g Lievito Madre aus dem Kühlschrank (oder Weizen-Anstellgut aus dem Kühlschrank)
- 5 g frische Hefe
- 60 g Zucker
- 2 TL Vanillezucker
- 1 TL abgeriebene Bio-Zitronenschale
- ½ TL Salz
- ½ TL Zimtpulver
- 20 g Sonnenblumenöl

Belag

- 100 g Heidelbeeren
- 50 g Zucker
- 1 TL Zimtpulver
- 70 g Butter, in kleine Würfel geschnitten
- 75 g Mandelblättchen

MISCHEN Milch, Ei, Lievito Madre, Hefe, Zucker, Vanillezucker, Zitronenschale, Salz, Zimt und Öl in eine Schüssel geben und mit dem Pürierstab durchrühren, bis sich der Lievito aufgelöst hat. Das Mehl zufügen und mit einem Dänischen Schneebesen oder Kochlöffel unterrühren, bis keine Mehlnester mehr zu sehen sind. Den Teig dann am besten direkt neben dem Spülbecken bei laufendem Wasser mit nassen Händen rundum falten.

STOCKGARE Den Teig abgedeckt 10–12 Stunden bei Raumtemperatur gehen lassen. Dabei wenn möglich nach 1–2 Stunden nochmals mit nassen Händen rundum falten.

FORMEN Den Teig auf eine leicht bemehlte Unterlage geben und mit der Teigkarte von allen vier Seiten einmal nach innen falten. Rundwirken und 10 Minuten entspannen lassen. Danach zu einem Kreis (24–26 cm Ø) ausrollen. Den Boden der Backform mit Backpapier belegen, den Rand einfetten. Den Teigkreis dann in die Form legen.

STÜCKGARE UND BELAG Den Teig abgedeckt 2 Stunden bei Raumtemperatur gehen lassen. Für den Belag die Heidelbeeren waschen und trocken tupfen. Zucker und Zimt mischen. Mit den Fingerspitzen viele kleine Mulden in den Teig drücken und die Butterwürfel hineinsetzen. Die Beeren dazwischen verteilen. Den Kuchen mit Mandelblättchen und Zimtzucker bestreuen und weitere 30 Minuten gehen lassen.

BACKEN Den Backofen auf 200 °C (Ober- und Unterhitze) vorheizen. Ein Backblech (oder Backstahl) mit aufheizen. Den Kuchen in der Form einschießen und 10 Minuten backen. Den Backofen auf 180 °C herunterschalten und den Kuchen weitere 20–25 Minuten backen. Dabei mit Alufolie abdecken, falls die Oberfläche zu dunkel wird.

ORANGEN-BRIOCHE

Selbst schwere Briocheteige mit viel Butter gelingen mit dem No-Knead-Prinzip problemlos. Ein Kochstück sorgt für einen wunderbar fluffigen Teig. Sie können es bereits am Vortag zubereiten und bis zur Verwendung kühlen.

Stockgare: 10–12 Stunden
Stückgare: 3–4 Stunden
Backzeit: 45–50 Minuten

FÜR 1 KUCHEN (KASTENFORM 30 × 12 cm)

Kochstück

40 g Weizenmehl T55 (oder Weizenmehl 405 oder 550)
200 g Orangensaft

Hauptteig

460 g Weizenmehl T55 (oder Weizenmehl 405 oder 550)
Kochstück
50 g Sahne
3 Eier (Gr. L, ca. 180 g)
50 g Lievito Madre aus dem Kühlschrank
5 g frische Hefe
75 g Zucker
1 TL Vanillezucker
1 TL abgeriebene Bio-Zitronenschale
2 TL abgeriebene Bio-Orangenschale
2 EL Orangenlikör (oder Orangensaft)
6 g Salz
100 g Butter, geschmolzen

Zum Einstreichen und Bestreuen

1 Eigelb, 2 EL Sahne, 1 Prise Salz
Hagelzucker

KOCHSTÜCK Den Orangensaft in einen Topf gießen und das Mehl mit einem Schneebesen einrühren. Die Mischung unter Rühren aufkochen, bis sie andickt. Vom Herd nehmen und 2–3 Stunden abkühlen lassen.

MISCHEN Kochstück, Sahne, Eier, Lievito Madre, Hefe, Zucker, Vanillezucker, Zitronen- und Orangenschale, Likör, Salz und Butter in eine Schüssel geben und mit dem Pürierstab durchrühren, bis sich der Lievito aufgelöst hat. Das Mehl zufügen und mit einem Dänischen Schneebesen oder Kochlöffel unterrühren, bis keine Mehlnester mehr zu sehen sind. Den Teig dann am besten direkt neben dem Spülbecken bei laufendem Wasser mit nassen Händen rundum falten.

STOCKGARE Den Teig abgedeckt 10–12 Stunden bei Raumtemperatur gehen lassen. Dabei wenn möglich nach 1–2 Stunden nochmals mit nassen Händen rundum falten.

FORMEN Den Teig auf eine leicht bemehlte Unterlage geben. Mit der Teigkarte von allen vier Seiten einmal nach innen falten und 12 Teiglinge (à 95 g) abstechen. Die Teiglinge rundwirken und leicht versetzt in die gefettete Kastenform setzen.

STÜCKGARE Die Teig abgedeckt 3–4 Stunden bei Raumtemperatur gehen lassen, bis er sich etwa verdreifacht hat.

BACKEN Den Backofen auf 200 °C (Ober- und Unterhitze) vorheizen. Ein Backblech (oder Backstahl) mit aufheizen. Zum Einstreichen Eigelb, Sahne und Salz verquirlen. Die Teiglinge damit bestreichen und mit Hagelzucker bestreuen. In der Kastenform einschießen und den Backofen schwaden. Den Dampf nicht ablassen. Nach 10 Minuten den Backofen auf 180 °C herunterschalten und die Brioche weitere 35–40 Minuten backen. Dabei eventuell mit Alufolie abdecken.

NUSS-STANGEN ODER -KRINGEL

Aus diesem lockeren, fluffigen Teig können Sie Stangen oder Kringel oder beides formen. Die Teilchen schmecken auch mit Schokoladen- oder Mohnfüllung himmlisch.

Stockgare: 10–12 Stunden
Stückgare: 60–90 Minuten
Backzeit: 16–20 Minuten

FÜR 10–12 STÜCK

Teig

500 g Weizenmehl 550
130 g Milch
60 g Sahne
3 Eier (Gr. L, ca. 180 g)
50 g Lievito Madre aus dem Kühlschrank
5 g frische Hefe
60 g Zucker
2 TL Vanillezucker
½ TL Salz
1 TL abgeriebene Bio-Zitronenschale
100 g Butter, geschmolzen

Füllung

160 g Haselnusskerne (am besten geröstet)
60 g Löffelbiskuits (oder Kekse)
50 g Marzipanrohmasse, gewürfelt
50 g Zucker
2 TL Vanillezucker
½ TL Salz
1 TL Zimtpulver
130 g Milch

Zum Einstreichen und Bestreuen

1 Eigelb, 2 EL Sahne, 1 Prise Salz
Mandelblättchen

MISCHEN Milch, Sahne, Eier, Lievito Madre, Hefe, Zucker, Vanillezucker, Salz, Zitronenschale und Butter in eine Schüssel geben und mit dem Pürierstab durchrühren, bis sich der Lievito aufgelöst hat. Das Mehl zufügen und mit einem Dänischen Schneebesen oder Kochlöffel unterrühren, bis keine Mehlnester mehr zu sehen sind. Den Teig dann am besten direkt neben dem Spülbecken bei laufendem Wasser mit nassen Händen rundum falten.

STOCKGARE Den Teig abgedeckt 10–12 Stunden bei Raumtemperatur gehen lassen. Dabei wenn möglich nach 1–2 Stunden nochmals mit nassen Händen rundum falten.

FÜLLUNG Für die Füllung Nüsse und Löffelbiskuits fein mahlen. Marzipan, Zucker, Vanillezucker, Salz, Zimt und Milch in einen hohen Rührbecher geben und mit dem Pürierstab mixen, bis das Marzipan aufgelöst ist. Gemahlene Nüsse und Löffelbiskuits untermischen.

FORMEN Den Teig auf eine leicht bemehlte Unterlage geben und mit der Teigkarte von allen vier Seiten einmal nach innen falten, rundwirken und 10 Minuten entspannen lassen. Danach langwirken und zu einem Rechteck (60 × 40 cm) ausrollen. Das mittlere Teigdrittel mit der Nussmasse besteichen. Das untere Drittel darüberklappen und leicht andrücken. Dann das obere Drittel über den Teig klappen und ebenfalls andrücken. Den gefalteten Teig mit einem Teigrad in 2 cm breite Streifen schneiden. Die Streifen in sich verdrehen und auf Backpapier oder Backfolie legen. Für Kringel die Stangen zu einem Kreis legen und die Enden leicht zusammendrücken.

STÜCKGARE Die Teiglinge abgedeckt 60–90 Minuten bei Raumtemperatur gehen lassen.

BACKEN Den Backofen auf 180 °C (Ober- und Unterhitze)vorheizen. Ein Backblech (oder Backstahl) mit aufheizen. Zum Einstreichen Eigelb, Sahne und Salz verquirlen. Die Teiglinge damit bestreichen und mit Mandelblättchen bestreuen. Mit dem Backpapier bzw. der Backfolie einschießen und ohne Schwaden 16–20 Minuten backen.

SERVICE

BEZUGSQUELLEN (ONLINESHOPS)

Viele der speziellen Mehle in diesem Buch, wie z. B. Ruchmehl, italienische und französische Mehle, sowie ein großes Angebot an Backzubehör und Spezialitäten gibt es bei der **Firma Bon'gu** (www.bongu.de).

Alle Urkornmehle gibt es in hervorragender Qualität mit sehr guten Backeigenschaften bei den **Urkornpuristen** (www.urkornpuristen.de). Das Getreide wird vom Shopbetreiber selbst angebaut und vermahlen.

Eine Auswahl an Getreidemühlen, die für Haushalte erschwinglich sind und von grob bis sehr fein mahlen, finden Sie bei der **Firma Mockmill** (www.mockmill.com).

Spezielle Brotbacköfen für drinnen und draußen, Knetmaschinen und eine riesige Auswahl an Backzubehör gibt es bei der Firma **Häussler** im Backdorf oder online (www.backdorf.de). Unbedingt mal vorbeifahren, wenn Sie in der Nähe sind.

Den Omnia können Sie bei der Firma **Rhenotherm** beschichten lassen (www.onlinepfanne.de).

Eine breite Auswahl an speziellen Backformen, Gärkörben und sonstigem Zubehör für Hobbybäcker ist erhältlich bei der **Firma Ketex** (www.ketex.de).

Einen Backstahl können Sie sich in Ihrer Backofengröße bei **Blechking** bestellen (www.blechking.de).

Die **Langer Mühle** in Atzenbrugg (Österreich) bietet qualitativ hochwertige Mehle mit sehr guten Backeigenschaften und vieles mehr für den Hobbybäcker in ihrem Mühlenladen und im Onlineshop an (www.lamuehla.at). Dort finden auch Backkurse statt.

Die **Bio-Mühle Eiling** (www.biomuehle-eiling.de) verarbeitet ausschließlich Bio-Getreide. Die Produkte stammen von regionalen Erzeugern. Die gängigen Mehle sind gerade für Brotteige sehr backstark und von einer hervorragenden Qualität.

WEITERFÜHRENDE LITERATUR

Die Zeitschrift **Brot – Das Magazin** erscheint sechsmal jährlich. Das Heft für Hobbybäcker mit vielen Rezepten, Infos, Geschichten und mehr kann abonniert werden, ist aber auch in vielen Zeitschriftenläden erhältlich. Jährlich erscheinen außerdem 4 Sonderhefte zu verschiedenen Themen (www.brot.magazin.de).

Der Brotdoc. Gesundes Brot aus meinem Ofen. Hollensteiner, Björn. Christian Verlag, München 2019. Mit 65 Rezepten von einfachen Einsteigerbroten über Brötchen und Baguettes bis hin zu süßem Gebäck und Roggensauerteig überzeugt der Arzt und Hobbybäcker Björn Hollensteiner.

Brot backen mit den Jahreszeiten: Über 80 Rezepte mit saisonalen Zutaten aus Garten und Natur. Loidl, Matthias. Verlag Eugen Ulmer, Stuttgart 2021. Hier wird das Hobby Brotbacken mit den vier Jahreszeiten verknüpft – für feinste Aromen und farbenfrohe Ergebnisse.

Verrückt nach Sauerteig. Sumer, Anita. Narayana Verlag, Kandern 2019. Die slowenische Hobbybäckerin Anita Sumer zeichnet Kunstwerke in Brotlaibe und hat ihr erstes Buch dem Thema Sauerteig gewidmet. Es bietet viele Infos und Rezepte für Brote nur mit Sauerteig, ganz ohne Hefe oder andere Mittelchen.

Das Brot. Robertson, Chad. Chad. AT-Verlag, Aarau (Schweiz) 2018. Das zweite Buch vom legendären Sauerteig-Bäcker Chad Robertson aus der Tartine-Bäckerei in San Francisco. Ein tolles Buch, aber eher für Fortgeschrittene.

Backen mit Pasta Madre. Meine Rezepte für herzhaftes und süßes Brot mit Mutterhefe. Carpi, Vea und Hager, Irene. Edition Raetia 2020. Pasta Madre ist ein milder Sauerteig, der aus Italien stammt, und für wohlschmeckende und leicht verdauliche Backwaren sorgt.

BLOGS

www.brotbackliebeundmehr.com
Mein eigener Blog mit ganz vielen Brot- und Brötchenrezepten, aber auch sehr viel Selbstgemachtem und was ich sonst noch so in meiner Küche koche und backe.

www.samskitchen.at
Samuel Kargl bäckt mittlerweile seit über 10 Jahren in seiner Backstube und bloggt seine Rezepte unter Sam's Kitchen. Er ist über die Grenzen von Österreich hinaus bekannt, hat viele tolle Rezepte und gibt Backkurse in einer Mühle in Österreich.

www.brotfrohlein.de
Ein noch junger, aber vielversprechender Blog von meiner lieben Freundin Sylvia Richter mit tollen Broten, Brötchen, viel Selbstgemachtem und anderen leckeren Dingen. Da darf man sich auf viele weitere tolle Posts freuen.

www.brotdoc.com
Der Brotblog von Björn Hollensteiner, der seit mehr als 10 Jahren zum Ausgleich für seinen anstrengenden Job als Hausarzt in seiner Backstube viele tolle Rezepte für Brote, Brötchen und Süßes entwickelt hat und sie hier teilt.

www.schellikocht
Manfred Schellin ist vielen Hobbybäckern als leidenschaftlicher Bäcker und Feinschmecker bekannt. Auf seinem Blog finden sich neben vielen Leckereien aus seiner Küche auch tolle Brotrezepte zum Nachbacken. Schelli verfügt über ein unglaubliches Wissen, was Brote, Teige und die Prozesse rundum anbelangt.

www.urkornpuristen.de/rezepte/
Auf dem Blog von Stefanie Dehn dreht sich alles um Urkorn. Neben vielen Brot- und Brötchenrezepten gibt es jede Menge Rezepte aus ihrer Küche – eben alles mit Urkorn. Für Urkornfans ein Muss!

www.mipano
Mipano ist eine Art Lexikon für Hobbybäcker. Auf dieser Plattform rund ums Brotbacken gibt es neben einer Brotrezept-Suchmaschine mit Rezepten von Brotbloggern und anderen begeisterten Hobbybäckern einen Shopfinder, viele nützliche Tools und Links sowie eine Übersicht von Brotbackbüchern.

COMMUNITIES

Brotbackliebe...undmehr bei Facebook
Meine eigene Facebook-Gruppe mit über 22 000 Mitgliedern, einer umfangreichen Rezeptsammlung und viel Hilfe und Austausch zum Thema Brotbacken. In der Gruppe geht es vor allem ums Brotbacken, aber auch (wie in meinem Blog) um das Selbstmachen von Lebensmitteln und um alles, was mit Kochen und Backen zu tun hat. Im Mittelpunkt steht das Backen mit wenig Hefe, Sauerteigen und langer Teigführung.

Mipano – Gemeinsam gutes Brot backen
Diese Gruppe zum Thema Brot- und Brötchenbacken ist aus einer Fusion von Mipano und Angebacken entstanden. Auch hier gibt es viele Infos, Unterstützung und Austausch rund um das Thema Brotbacken.

SCHNELL NACHGESCHLAGEN

DIE AUTORIN

Valesa Schell war lange im sozialpädagogischen Bereich tätig. Vor acht Jahren begann sie, ihr eigenes Brot zu backen, weil ihr gekauftes Brot nicht mehr geschmeckt und sie es oft nicht vertragen hat. Alles rund um das Thema Brot ist mittlerweile zu ihrer großen Leidenschaft geworden. Ihr Blog „Brotbackliebe...undmehr" ist mit weit über 11 Millionen Aufrufen einer der am meisten gelesenen Brot- und Foodblogs in Deutschland. Die gleichnamige Facebookgruppe ist eine der größten Backgruppen im deutschsprachigen Raum.

DANKSAGUNG

Ein ganz großes Dankeschön geht an meine liebe Freundin Deborah Meßmer, die mir so fleißig beim Backen für dieses Buch geholfen hat, damit alles fotografiert werden konnten.

Ganz lieben Dank auch meiner Fotografin Heike Schmidt-Röger für die entspannten und auch aufregenden Fototage. Es hat viel Spaß gemacht, und ich durfte diesmal einiges von dir lernen, was das Fotografieren angeht. Du hast wie schon bei meinen beiden vorherigen Büchern tolle Arbeit geleistet und schöne und abwechslungsreiche Fotos geschossen.

Auch meinem Facebook-Admin-Team möchte ich von Herzen für ihre Unterstützung danken: Samuel Kargl, Sylvia Richter, Steve Dollase, Deborah Meßmer, Kessi Heinrich und Christian Will.

Ein besonders großes Dankeschön geht an meinen Mann Jörg Schell, der mich immer unterstützt und mir den Rücken freigehalten hat, damit dieses Buch entstehen konnte.

Ganz lieben Dank an Heiko Schrotz, der uns netterweise ganz spontan sein Wohnmobil für Fotos zur Verfügung gestellt hat.

Und zuletzt einen ganz großen Dank an Lisa Seibel, meine Lektorin vom Ulmer Verlag, die mir immer unterstützend zur Seite stand, und an meine Außenlektorin Petra Teetz.

IMPRESSUM

BILDQUELLEN

Alle Fotos stammen von **Heike Schmidt-Röger** mit Ausnahme der folgenden:
Titelfoto: Sabrina Sue Daniels, Seite 174: Tiziana Abegg

BIBLIOGRAFISCHE INFORMATION DER DEUTSCHEN NATIONALBIBLIOTHEK

Die Deutsche Nationalbibliothek verzeichnet diese Publikation in der Deutschen Nationalbibliografie; detaillierte bibliografische Daten sind im Internet über http://dnb.d-nb.de abrufbar.

Anmerkung zur Schreibweise (Gendering) der weiblichen, männlichen und unbestimmten Form: Ausschließlich aufgrund der deutlich besseren Lesbarkeit wird in diesem Werk auf die jeweilige Mehrfachnennung oder Anpassung der Schreibweise bestimmter Bezeichnungen verzichtet.

Wollgrasweg 41, 70599 Stuttgart (Hohenheim)
E-Mail: info@ulmer.de
Internet: www.ulmer.de
Projektleitung: Lisa Seibel
Lektorat: Petra Teetz
Herstellung: Silke Reuter
Umschlag-Gestaltung: Antje Warnecke, nordendesign.de
Gestaltung und Satz: Susanne Junker, Stuttgart, www.redsign.de
Reproduktion: time:ray, Jettingen
Druck und Bindung: Livonia Print, Riga
Printed in Latvia

ISBN 978-3-8186-1516-1

MEHR BÜCHER VON VALESA SCHELL

Mit diesem Brotbackkurs lernen Sie von der Pike auf, wie Sie Ihr eigenes, wirklich gutes Brot selber backen können. Leicht verständlich und mit vielen bebilderten Handgriffen führt Sie das Buch durch den Backprozess und steigert sich im Schwierigkeitsgrad. Mit Know-how zum Handwerkszeug und den verschiedenen Triebmitteln steht den sagenhaften Brot-, Brötchen- und Baguetterezepten schon bald nichts mehr im Wege.

Der Brotbackkurs. Einfach starten - Profi werden. 2019. 192 Seiten, 176 Farbfotos, geb. ISBN 978-3-8186-0687-9.

Sie möchten bekömmliches und aromatisches Brot backen, haben aber wenig Zeit? Dann sind All-in-One-Brote genau das Richtige für Sie: Alle Zutaten werden ohne aufwendige Vorteige in einem verknetet. Mithilfe flexibler Gehzeiten können Sie das Brotbacken individuell an Ihren Alltag anpassen und zu jeder Tageszeit ein Brot ansetzen. Valesa Schell zeigt, wie herrlich unkompliziert Brot, Brötchen, Baguette, Herzhaftes und Süßes gelingen.

All-in-One-Brote. Meisterhaft backen im Alltag - einfach ohne Vorteig. Wenig Hefe, lange Teigführung, flexible Gehzeiten. 2021. 168 Seiten, 98 Farbfotos, 4 Tabellen, geb. ISBN 978-3-8186-1304-4.